# 电动汽车

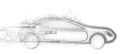

## 构造与检修

赵文延　编著 〉〉〉〉〉〉　〉〉　〉〉

山东城市出版传媒集团·济南出版社

**图书在版编目（CIP）数据**

电动汽车构造与检修/赵文延编著 . — 济南：济
南出版社，2023.8
ISBN 978-7-5488-5834-8

Ⅰ.①电… Ⅱ.①赵… Ⅲ.①电动汽车—构造②电动
汽车—车辆检修 Ⅳ.① U469.72

中国国家版本馆 CIP 数据核字（2023）第 153657 号

电动汽车构造与检修　DIANDONGQICHE GOUZAO YU JIANXIU
赵文延　编著

| | |
|---|---|
| **出 版 人** | 田俊林 |
| **责任编辑** | 侯建辉 |
| **装帧设计** | 曹晶晶 |

| | |
|---|---|
| **出版发行** | 济南出版社 |
| **地　　址** | 山东省济南市二环南路 1 号（250002） |
| **总 编 室** | （0531）86131715 |
| **印　　刷** | 天津画中画印刷有限公司 |
| **版　　次** | 2023 年 8 月第 1 版 |
| **印　　次** | 2023 年 8 月第 1 次印刷 |
| **成品尺寸** | 170mm×240mm　16 开 |
| **印　　张** | 15.25 |
| **字　　数** | 233 千 |
| **定　　价** | 58.00 元 |

济南版图书，如有印装错误，请与出版社联系调换。电话：0531-86131716

前言

　　中国汽车工业协会统计数据显示，2021 年我国新能源汽车销量呈爆发式增长，达到 352.1 万辆，同比增长 157.6%。2012–2021 年，我国新能源汽车销量从 2012 年的 1.28 万辆增长到了 2021 年的 352.1 万辆，新能源汽车实现了跨越式发展，我国消费者对新能源汽车的消费需求逐年攀升。根据中国汽车工业协会统计，2022 年我国新能源汽车产销分别完成 705.8 万辆和 688.7 万辆，同比分别增长 96.9% 和 93.4%。

　　新能源汽车行业发展迅猛，前景可期，必将造就一批热门的就业岗位。2022 年 11 月 7 日，教育部、人力资源社会保障部、工业和信息化部联合印发《制造业人才发展规划指南》后，"中国制造 2025" 的 "1+X" 规划指南已全部发布，标志着 "中国制造 2025" 顶层设计已基本完成，将全面转入实施阶段。作为制造业重点领域之一的节能与新能源汽车，预计到 2025 年其技术人才缺口将高达 120 万。

　　《电动汽车构造与检修》以电动汽车的动力蓄电池、驱动电机、整车控制系统三大核心技术为主线，汇集电动汽车的结构和常见的维修作业项目等内容进行编写，全面系统地介绍了纯电动汽车涉及的主要技术。全书共分七章，层次分明，实用性强。第一章，电动汽车结构，主要介绍纯电动汽车的发展、认识电动汽车、纯电动汽车整体结构、混合动力汽车整体结构、增程式电动汽车整体结构、燃料电池汽车整体结构；第二章，动力电池使用与维护，包括动力电池概述、动力电池的分类、动力电池的结构、动力电池管理系统；第三章，驱动电机的认知与检修，包括驱动电机概述、典型驱动电机介绍、电机控制器；第四章，电控系统的认知与检修，包括整车控制器概述、整车控制器组成与原理、整车控制器的工作模式测试、整车通信；第五章，辅助系统，包括空调系统、电控助力转向系统、制动系统；第六章，电动汽车维护与检修，包括动力电池维护与保养、驱动系统维护与保养、空调系统维护与保养、吉利EV450空调系统检修、吉利EV450冷却系统维护与保养、车辆充电异常故障诊断与排除、动力电池异常断开故障诊断与排除；第七章，电动汽车常见故障分析，包括电动汽车使用常识、电动汽车充电系统常见故障诊断及排除、电动汽车跛行故障诊断与排除、电动汽车高压上电流程及故障诊断。

希望通过本书的学习，读者既能掌握纯电动汽车涉及的知识和技术，又能熟练地对动力蓄电池、驱动电机系统和电控系统进行简单维护与检修，为从事与电动汽车相关的工作奠定基础。

本书在编写过程中，参考引用了一些网上资料和图片等内容，特向其作者表示深切的谢意。由于编者学识有限，书中难免存在疏漏和不妥之处，敬请读者指正。

编者

2023 年 3 月

# 目录
MULU

# 第一章　电动汽车结构

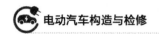

# 第一节　电动汽车的发展

汽车产业是国民经济的重要支柱产业，其涉及面广、关联度高、消费拉动大，在国民经济和社会发展中发挥着重要作用。随着我国经济持续快速发展和城镇化进程加速推进，今后较长一段时期汽车需求量仍将保持增长势头，由此带来的能源紧张和环境污染问题将更加突出。在当前环境保护及能源枯竭压力下，电动汽车异军突起，将是未来汽车的发展方向。发展电动汽车是降低汽车燃料消耗量、缓解燃油供求矛盾、减少尾气排放、改善大气环境、促进汽车产业技术进步和优化升级的有效途径。

## 一、电动汽车概述

### （一）电动汽车的诞生

电动汽车的发展历史可以追溯到 19 世纪，并且早于 1886 年卡尔·本茨发明内燃机汽车的时间，最早开发电动车辆的是法国人和英国人，1881 年法国工程师古斯塔夫·特鲁夫发明了第一辆电动汽车——铅酸蓄电池动力三轮车，并于 1881 年 8 月到 11 月间在巴黎举办的国际电器展览会上展出，遗憾的是这辆电动汽车的照片没有留下来。现在留有照片的最早的电动汽车是英国人阿顿和培里于 1882 年发明的三轮电动汽车。应该说明的是，若把一次性电池电动汽车也算作电动汽车的话，则第一辆电动汽车的诞生时间是 1873 年，由英国人罗伯特·戴维森发明。该电动汽车是一辆载货车，长 4.8 米，宽 1.8 米，使用铁、锌、汞合金与硫酸进行反应的一次性电池。

电动汽车在欧洲发明之后，很快传到了美国，并在美国快速发展。1890 年美国第一辆蓄电池汽车在艾奥瓦州诞生，时速达到 23 千米。在此之后的十多年里，电动汽车在美国飞速发展，到 1900 年保有量已达到 33384 辆。到了 1915年，美国电动汽车的年产量达 5000 辆，保有量达到 5 万辆，这是电动汽车的第一个黄金时代。

### （二）电动汽车的缓慢发展

1885 年，卡尔·本茨发明了第一辆燃油汽车。随着伺服燃油汽车技术的不断进步，燃油汽车和电动汽车的竞争也在不断继续。燃油汽车逐渐发展出自动起动器、消声器等设备后，极大地提高了燃油汽车的舒适度。在接下来的几年中，燃油汽车技术进步很快，成本下降也很快。这个阶段出现了油 – 电混合车型。在第一次世界大战中，燃油汽车因强续航和稳定性开始大规模使用，而电动汽车因技术发展缓慢和高成本，市场规模不断萎缩。20 世纪 20 年代，电动汽车生产厂商要么破产，要么开始转过头来做燃油汽车，电动汽车行业开始凋零。

燃油汽车得到大力发展，在全世界广泛应用，电动汽车逐渐淡出了舞台。在这个阶段，燃油汽车技术不断发展、完善，世界石油供应充足，人们普遍环保意识不足，电池等新能源技术也没有取得明显进步，汽车几乎完全以燃油汽车为主。

### （三）电动汽车的发展新机遇

20 世纪 70 年代的石油危机，使得电动汽车迎来了自己的第二个黄金时代。由于环境污染和石油危机，人们对电动汽车重新重视起来。20 世纪 70 年代，一家美国公司推出了 CitiCar 车型。这一款电动车最高速度达到 71 千米 / 时，续航里程 69 千米，成为当时美国电动汽车的销售冠军。

通用公司 1996 年推出通用 EV1，该车采用双门两座的设计，低风阻的流动造型别具一格，内饰设计类似战斗机驾驶舱，即使放在现在也有着科幻即视感。

通用 EV1 是一款由电气工程师团队完全按照电动车需求打造的全新车型，是世界上第一辆现代化电动汽车。该车共有两代车型，第一代为铅酸电池版，续航里程 80~120 千米，共 660 台；第二代为镍氢电池版，在动力上有所提升，

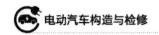 

最大功率 137 kW，峰值转矩 150 N·m，0~100 千米／时加速时间为 8 秒左右，最高车速被限制在 128 千米／时，续航里程达到了 120~208 千米。第二代 EV1 不仅可以使用常规的插头充电，而且可以使用无线感应式充电。

1996 年，丰田公司推出了 RAV4 EV。1997 年，丰田公司正式推出混合动力普锐斯车型，普锐斯车型在 2000 年面向全球投产。从 1997 年到 2018 年，丰田公司共推出 4 代普锐斯车型，累计销量超过 1000 万辆。

1999 年，通用公司突然决定终止 EV1 项目，并要求收回所有 EV1 汽车并进行销毁处理。通用 EV1 的部分工程师心有不甘，并相信电动汽车在未来会有很大的影响力，于是便成立了一家汽车公司。工程师马丁·艾伯哈德要求放弃原来的铅酸电池，使用与笔记本电脑同款的 18650 电池，大量的电池组合在一起，使得车辆的续航里程达到了 480 千米。随后在 2003 年，特斯拉汽车公司（TESLA）宣布成立，并将总部设在硅谷，基于 IT 理念造车。

2008 年，特斯拉公司推出 Roadster 双座电动跑车，这是世界上第一款大规模量产的电动跑车；2012 年，特拉斯公司推出 Model S，带动全球电动汽车高速发展。

在全球电动汽车市场，2021 年消费者的支出近 2500 亿美元（约合人民币 1.76 万亿元），补贴、减税等政府政策性支出近 300 亿美元（约合人民币 2100 亿元），合计下来支出人民币近 2 万亿元。

电动汽车产业的快速发展，很大原因是政策推动。中国是最早支持电动汽车发展的国家，2016 年政府对消费者补贴超过 40 亿美元，超过了欧美国家的补贴之和，2018 年达到小巅峰后补贴有所下降，2021 年突然猛增两倍，达到了 120 亿美元。欧洲国家的补贴从 2020 年开始猛增，增幅约为 50%，2021 年的补贴也达到了 120 亿美元，其中德国的政策支持力度最大。而美国近六年政府对电动汽车的消费补贴不温不火，始终保持在 20 亿美元左右。

目前，不论是各国政府还是各个企业，均在推动电动汽车快速发展。

## 二、中国电动汽车的现状

从 20 世纪六七十年代到 2001 年，我国在电动汽车领域的研究处于萌芽阶段，国家没有系统地支持电动汽车领域的技术研发，国内各企业集团也没有将电动汽车作为研发投入的重要方面。在这一阶段，我国汽车制造企业几乎没有推出一款电动汽车整车产品。而在同时期，国外大汽车公司已开发生产了100多种型号的电动汽车，其中，有10多种纯电动汽车车型投入商业化生产。我国的电动汽车发展落后发达国家至少20年。但是，自国家"八五"计划将电动汽车列入国家科技攻关计划，再到"九五"计划时期，我国政府已经意识到发展电动汽车的重要性，正式将其列入国家重大科技产业工程项目，这为我国电动汽车的进一步研发奠定了基础。

### （一）"十五"计划为电动汽车发展奠定基础

在"十五"计划期间，我国纯电驱动技术发展刚刚起步，混合动力驱动技术发展水平也不高，但我国在积极推进核心技术的发展，搭建起了"三纵三横"的电动汽车产业发展格局，"三纵"即燃料电池汽车、混合动力汽车与纯电动汽车，"三横"指动力电池、驱动电机以及多能源动力总成电控等三大核心零部件，为我国电动汽车的发展奠定了坚实基础。

### （二）"十一五"规划为电动汽车发展指明方向

到"十一五"规划期间，低能耗与电驱动技术及氢能与燃料电池技术成了我国电动汽车行业发展的主题。国家在这一领域投入了大量资源，并在"三纵三横"的基础上，进一步拓展研究车型，将智能汽车以及纯电动汽车、燃料电池汽车和增程式电动汽车纳入重点发展车型，从而为我国电动汽车产业的未来发展指明了方向。

### （三）"十二五"规划电动汽车科技专项

在"十二五"规划期间，我国进一步细化电动汽车发展战略，明确了以纯电驱动为电动汽车产业发展的核心战略，这时期我国相关技术已经逐渐趋向成熟。经过"十五"计划和"十一五"规划的沉淀，我国已经有了向纯电汽车迈进的底气。在这一阶段，我国电动汽车行业开始以电机、电池和电控三电系统作为主要的研究对象，聚焦"三电一体"平台的建设，并切实取得了良好的研究成果。我国在车型研究上从以往的多车型聚焦到纯电动车车型，并从大中型纯电驱动城市用车和小型电动车两个方向展开深入研究，且在大中型纯电驱动城市用车方向取得较大进展，开始在我国各省市实现大中型纯电驱动城市用车的普及应用。

## （四）"十三五"规划新能源汽车重点专项

到"十三五"规划期间，我国已经明确了电动汽车向新能源汽车发展的根本方向，明确指出要对现有的纯电驱动技术进行升级，围绕新能源、新材料和信息化三个要点开展技术研究，要在"三纵三横"研究格局的基础上，深入细化研究问题，明确新能源汽车研究的要点与难点，切实解决各项现实问题，实现电动汽车的产业化和规模化发展。

## （五）"十四五"规划支持电动汽车产业

2020 年 10 月，国务院发布《新能源汽车产业发展规划（2021—2035 年）》，提出发展新能源汽车是我国从汽车大国迈向汽车强国的必由之路，是应对气候变化、推动绿色发展的战略举措。预计到 2025 年，我国新能源汽车市场竞争力明显增强，动力电池、驱动电机、车用操作系统等关键技术取得重大突破，安全水平全面提升。纯电动乘用车新车平均电耗降至 12.0 千瓦时 / 百公里，新能源汽车新车销售量达到汽车新车销售总量的 20% 左右，高度自动驾驶汽车实现限定区域和特定场景商业化应用，充换电服务便利性显著提高。预计到 2035 年，纯电动汽车成为新销售车辆的主流，公共领域用车全面电动化，燃料电池汽车实现商业化应用，高度自动驾驶汽车实现规模化应用，有效促进节能减排水平和社会运行效率的提升。

2022 年，我国新能源汽车产销分别完成 705.8 万辆和 688.7 万辆，同比分别增长 96.6% 和 93.4%，市场占有率达到 25.6%。其中，纯电动汽车销量达 536.5 万辆，同比增长 81.6%，远超美日英三个国家的总和。

新的时代将会有新的挑战，目前国内车企表现突出，走到了世界的前列，但这并不意味着可以高枕无忧，应趁自身的优势，去解决芯片与原材料的问题，从而实现"弯道超车"。

## 三、电动汽车的优点

1. 无污染、噪声小。纯电动汽车无内燃机产生的噪声，电动机的噪声也较内燃机小。

2. 结构简单，维修方便。纯电动汽车较内燃机汽车结构简单，运转、传动部件少，维修保养工作量小。

3. 能量转换效率高。同时可回收制动、下坡时的能量，提高能量的利用效率。

4. 平抑电网的峰谷差。可在夜间利用电网的廉价"谷电"进行充电，起到平抑电网峰谷差的作用。

5. 为汽车发展提供了更快捷的基础。

相比于传统燃油汽车，新能源汽车在智能网联、无人驾驶等方面有更大的优势，摒弃了传统汽车对发动机、变速器等的复杂控制，可以更加专注于智能网联、无人驾驶的控制策略实现。

## 四、电动汽车存在的问题

### （一）充电基础设施的需求与建设之间仍然存在矛盾

目前，在电动汽车销量持续增长的背景下，电动汽车产业需要更多的充电基础设施来保障。按照计划，如果 2030 年电动汽车销量达到全球汽车销量的 20% 以上，包括亚太地区在内的充电基础设施的需求将有大幅增长，而目前基础设施建设计划仍显不足。另外，各国情况不同，如平均行驶距离、人口密度等因素也将对基础设施需求产生影响。

### （二）动力电池价格

随着电动汽车对动力电池需求的增长，动力电池关键原材料供应趋紧和价

格飙升，导致动力电池产品价格居高不下。《2022年全球电动汽车展望》指出，如今的动力电池供应链主要集中在中国，中国的锂电池产量占全球的75%。同时，中国的锂电池正极材料产量也占到全球的85%。

### （三）电力供应

汽车电动化虽然能降低碳排放，解决空气污染和石油进口依赖等问题，但对电力供应的需求也在增长。预计到2030年，电动汽车所需电力将占总电力需求的4%左右，这对电力供应也是个考验。

# 第二节  认识电动汽车

## 一、电动汽车的定义

电动汽车（EV）是指以车载电源为动力，用电机驱动车轮行驶，符合道路交通、安全法规各项要求的车辆。

## 二、电动汽车的分类

电动汽车包括纯电动汽车（BEV）、混合动力汽车（HEV）、燃料电池汽车（FCEV）。

### （一）纯电动汽车

纯电动汽车是主要采用电力驱动的汽车，其中，大部分车辆直接采用电动机驱动，有一部分车辆把电动机装在发动机舱内，也有一部分直接以车轮作为四台电动机的转子，其难点在于电力储存技术。电动汽车本身不排放污染大气的有害气体，即使按所耗电量换算为发电厂的排放，除硫和微粒外，其他污染物也显著减少。由于电厂大多远离人口密集的城市，对人类伤害较少，而且电厂是固定不动的，集中地排放，清除各种有害排放物较容易，且已有了相关技术。由于电力可以从多种一次性能源获得，如煤、核能、水力、风力、光、热等，解除了人们对石油资源日渐枯竭的担忧。电动汽车还可以充分利用晚间用电低谷时富余的电力充电，使发电设备日夜都能充分利用，大大提高了经济效益。有关研究表明，同样的原油经过粗炼，送至电厂发电，充入电池，再由电池驱动汽车，其能量利用效率比经过精炼变为汽油，再经汽油机驱动汽车高，因此有利于节约能源和减少二氧化碳的排放量。正是这些优点，使电动汽车的研究和应用成为汽车工业的一个热点。

纯电动汽车的优点是结构简单、保养项目少、使用成本低、噪声低，且有电力供应的地方都能够充电。

纯电动汽车的缺点是电池的续航里程略低，充电的便利性也不好。不过目前大多数纯电动汽车都搭载了快充模式，30分钟即可将电量充至80%。典型的车型是比亚迪EV、帝豪EV、荣威eRX5等。

### （二）混合动力汽车

混合动力汽车（Hybrid Vehicle）是指车辆驱动系统由两个或多个能同时运转的单个驱动系统联合组成的车辆，车辆的行驶功率依据实际的车辆行驶状态由单个驱动系统单独或共同提供。

通常所说的混合动力汽车，一般是指油电混合动力汽车（Hybrid Electric Vehicle，HEV），即采用传统的内燃机（柴油机或汽油机）和电动机作为动力源，也有的发动机经过改造使用其他替代燃料，例如压缩天然气、丙烷和乙醇燃料等。

混合动力汽车可以分为普通混合动力汽车、插电式混合动力汽车和增程式混合动力汽车。普通混动汽车在正常行驶过程中，主要依靠发动机驱动，只有在车辆启动或者低速行驶时，才靠电动机驱动，当遇到坡道或者急加速时，发动机和电动机共同驱动车辆行驶。它是利用车辆在行驶时发动机的多余功率给电瓶充电，所以这种车不需要外接电源。但是它的纯电续航里程极短，一般不会超过5公里。典型的例子是丰田的卡罗拉等混动车型。

国产混合动力汽车中的比亚迪-秦采用的是第二代DM双模技术（可在纯电

动 EV 和混动 HEV 两种模式间进行切换）。由 1.5 T 发动机和电动机组成的混动系统最大功率可以达到 217 kW（295ps），而电动机和峰值扭矩为 479 N·m。传动系统与之匹配的是一台 DCT（双离合变速器），秦的 0~100 千米 / 时加速时间仅为 5.9 秒，最高时速可达 185 千米，而且其百公里综合油耗仅 1.6 L。秦在纯电状态下可续驶 70 公里，满足日常代步需求。比亚迪是我国较早开发油电混合动力技术的品牌之一，也是最早推出插电式混合动力量产车的品牌之一。

### （三）燃料电池电动汽车

燃料电池电动汽车（FCV）实质上是电动汽车的一种，在车身、动力传动系统、控制系统等方面，燃料电池电动汽车与普通电动汽车基本相同，主要区别在于动力电池的工作原理不同。燃料电池的反应机理是将燃料中的化学能不经过燃烧直接转化为电能，即通过电化学反应将化学能转化为电能，实际上就是电解水的逆过程，通过氢氧的化学反应生成水并释放电能。电化学反应所需的还原剂一般采用氢气，氧化剂则采用氧气，因此最早开发的燃料电池电动汽车多是直接采用氢燃料，氢气的储存可采用液化氢、压缩氢气或金属氢化物储氢等形式。燃料电池的反应不经过热机过程，因此其能量转换效率不受卡诺循环的限制，能量转化效率高；它的排放物主要是水，非常清洁，不产生任何有害物质。

燃料电池电动汽车只有燃料电池一个动力源，汽车的所有功率都由燃料电池承担。燃料电池汽车多采用混合驱动形式，在燃料电池的基础上，增加一组电池或超级电容作为另一个动力源。燃料电池的基本组成有：电极、电解质、燃料和氧化剂。燃料可以是氢气（$H_2$）、甲烷（$CH_4$）、甲醇（$CH_3OH$）等，氧化剂一般是氧气或空气，电解质可为酸碱溶液（$H_2SO_4$、$H_3PO_4$、$NaOH$ 等）、熔融盐（$Na_2CO_3$、$K_2CO_3$）、固体聚合物、固体氧化物等。与普通电池不同的是，只要能保证燃料和氧化剂的供给，燃料电池就可以连续不断地产生电能。

燃料电池是一种不燃烧燃料而直接以电化学反应方式将燃料的化学能转变为电能的高效发电装置。其发电的基本原理是：电池的阳极（燃料极）输入氢气（燃料），氢分子（$H_2$）在阳极催化剂作用下被离解成为氢离子（$H^+$）和电子（$e^-$），$H^+$ 穿过燃料电池的电解质层向阴极（氧化极）方向运动，$e^-$ 因通不过电解质层而由一个外部电路流向阴极；在电池阴极输入氧气（$O_2$），氧气在阴极催化剂作用下离解成为氧原子（O），与通过外部电路流向阴极的 $e^-$ 和燃料穿过电解质的 $H^+$ 结合生成稳定结构的水（$H_2O$），完成电化学反应，放出热量。这种电化学反应与氢气在氧气中发生的剧烈燃烧反应是完全不同的，只要阳极不断输入氢气，阴极不断输入氧气，电化学反应就会连续不断地进行下去，$e^-$ 就会不断通过外部电路流动形成电流，从而连续不断地向汽车提供电力。与传统的导电体切割磁力线的回转机械发电原理也完全不同，这种电化学反应属于一种没有物体运动就获得电力的静态发电方式。因而，燃料电池具有效率高、噪声低、无污染等优点，这确保了 FCV 成为真正意义上的高效、清洁汽车。

为满足汽车的使用要求，车用燃料电池还必须具有高比能量、低工作温度、启动快、无泄漏等特性，在众多类型的燃料电池中，质子交换膜燃料电池（PEMFC）完全具备这些特性，所以 FCV 所使用的燃料电池都是 PEMFC。典型的代表就是全新丰田 Mirai 未来组合，该车的氢燃料电池堆可产生 114 kW 的最大输出功率，满电时最大续航里程为 483 千米，0~100 千米 / 时加速时间为 9.6 秒。使用压力为 700 巴的特殊设备，氢燃料的填充可以在大约 3 分钟内完成。这种氢燃料电池组合可以在零下 22 度以上的环境中正常使用。

随着近几年的发展，我国氢燃料电池汽车产业链已初具雏形，处于规模化前夕。燃料电池系统、电堆、双极板、空压机、氢气循环泵等关键零部件已实现自主，部分性能指标已达到国际先进水平。如氢气循环泵国产化程度高，国产技术已处于全球领先地位，且价格显著低于进口产品。另外，目前国产化双极板采用率越来越高，相关企业已具备双极板批量生产能力，技术水平较为成熟。现阶段，碳纸、质子交换膜、传感器、催化剂、管阀件等部分关键材料、零部件仍主要依赖进口，但国内已开始布局并进行小批量生产。

## 三、电动汽车的车牌

### （一）特殊车牌样式

新能源汽车号牌体现了"绿色环保"的含义，以绿色为主色调，添加专用标志，应用新型防伪技术和制造工艺，既能实现差异化管理、易于识别，又能突出新能源的特色和技术创新。其中，小型新能源汽车车牌底色为渐变绿色，大型新能源汽车车牌底色为黄绿相间。与普通车辆相比，新能源汽车号牌号码由 5 位增加到 6 位，号牌号码容量增加，编码规则更加科学合理，能够满足"少用字母多用数字"的布局要求。新能源汽车号牌费不变，仍执行现行普通车辆号牌收费国家标准。

### （二）主要特点

#### 1. 添加特殊标志

新能源汽车的号牌上加了一个特殊的圆圈标志。整个标志以绿色为框，寓意电力和新能源。绿色圆圈右侧是电插头图案，左侧彩色部分类似英文字母"E"（电力）。

#### 2. 车牌号"升级"

与普通汽车号牌相比，新能源汽车号牌号码增加了一位数字。比如原来的"鲁 Q D1234"可以升级为"鲁 Q D12345"。升级后，号码排列更加科学合理，避免了号牌与普通汽车号牌的"重复"，有利于汽车高速行驶时更准确地识别。

#### 3. 实行分段管理

为更好地落实国家新能源汽车产业发展和差异化管理政策，新能源汽车号牌按照不同车型进行分段管理。字母"D"代表纯电动汽车，字母"F"代表不纯电动汽车（包括插电式混合动力和燃料电池汽车等）。小型汽车号牌中的"D"或"F"在号牌号码的第一位，大型汽车号牌中的"D"或"F"在号牌号码的最后一位。

### 4. 改进制造工艺

新能源汽车牌照采用无污染烫印生产，生产过程绿色环保。同时采用二维码、防伪底纹、激光图案等防伪技术，提高防伪性能。

# 第三节　纯电动汽车整体结构

纯电动汽车是一种采用单一蓄电池作为储能动力源的汽车。它利用蓄电池作为储能动力源，通过电池向电动机提供电能，驱动电动机运转，从而推动汽车行驶。纯电动汽车不需要用内燃机，因此纯电动汽车的电机相当于传统汽车的发动机，动力电池相当于传统汽车的油箱，电能是二次能源，可以来源于风能、水能、热能、太阳能等。

## 一、纯电动汽车的分类

### （一）车辆用途分类

按照用途不同分类，纯电动汽车可分为电动轿车、电动客车和电动货车3种。

#### 1. 电动轿车

电动轿车是目前最常见的纯电动汽车。除了一些概念车，纯电动轿车已经批量生产，并迅速进入汽车市场。

#### 2. 电动客车

纯电动小客车较少见；纯电动大客车用作公共汽车，在一些城市的公交线路及世界博览会、世界性运动会上，已经有了良好的表现。

#### 3. 电动货车

用作功率运输的电动货车比较少，而在矿山、工地及一些特殊场地，则早已出现了一些大吨位的纯电动载货汽车。

电动汽车还可以按照使用的动力电池材料、驱动系统的组成等方面进行分类。

### （二）动力电池的数量分类

#### 1.只用动力电池作为动力源的纯电动汽车

用单一蓄电池作为动力源的纯电动汽车，只装置动力电池组。

#### 2.装有辅助动力源的纯电动汽车

采用单一蓄电池作为动力源的纯电动汽车，蓄电池的比能量和比功率较低，蓄电池组的质量和体积较大。因此，某些纯电动汽车增加了辅助动力源，如超级电容器、发电机组、太阳能等，以此改善纯电动汽车的起动性能和增加续航里程。

### （三）按驱动形式分类

纯电动汽车按驱动形式可分为：直流电机驱动的电动汽车、交流电机驱动的电动汽车、双电机驱动的电动汽车、双绕组电机电动汽车、电动轮电动汽车等。

## 二、纯电动汽车的组成

纯电动汽车的核心由车载电源、电池管理系统、驱动电动机、控制系统、车身及底盘、安全保护系统组成。

### （一）车载电源

电源系统包括蓄电池组、电池管理系统等。辅助系统包括辅助动力源、动力转向系统、空调器、照明装置等。

#### 1.组成

以动力电池组作为车载电源，用周期性的充电来补充电能。

#### 2.重要性

（1）动力电池组是 BEV 的关键装备，储存的电能、质量和体积对 BEV 性能起决定性影响，也是 BEV 的主要研究和开发方向。

（2）BEV 发展的关键在于电池，电池技术对 BEV 的制约仍然是 BEV 发展的瓶颈。

（3）建立充电站系统、报废电池回收和处理工厂，是推广 BEV 的关键。

### 3. 发展

（1）第一代 BEV 电池：铅酸电池。

优点：技术成熟，成本低。

缺点：比能量和比功率低，不能满足 BEV 续驶里程和动力性能的需求。

（2）第二代高能电池：镍－镉电池、镍－氢电池、钠－硫电池、钠－氯化镍电池、锂离子电池、锂聚合物电池、锌－空气电池和铝－空气电池等。

优点：比能量和比功率都比铅酸电池高，大大提高了 BEV 的动力性能和续驶里程。

缺点：有些高能电池需要复杂的电池管理系统和温度控制系统，各种电池对充电技术有不同要求，而且电化学电池中的活性物质在使用一定的期限后，会老化变质以至完全丧失充电和放电功能而报废，从而使 BEV 的使用成本升高。

（3）第三代电池：飞轮电池、超级电容器。

飞轮电池是电能—机械能—电能转换的电池；超级电容器是电能—电位能—电能转换的电池。

这两种储能器在理论上都具有很大的转换能力，而且充电和放电方便迅速，但尚处于研制阶段。

### 4. 高压电源

动力电池组提供约 155~380 V 高压直流电；动力电池组是供电机工作的唯一动力电源；空调系统的空压机、动力转向系统的油泵和制动系统的真空泵等，也需要动力电池组提供动力电能。

### 5. 低压电源

动力电池组通过 DC/DC 转换器，供应 12V 或 24V 低压电，并储存到低压电池组中，作为仪表、照明和信号装置等工作的电源。

## （二）电池管理系统

### 1. 管理

（1）对动力电池组充电与放电时的电流、电压、放电深度、再生制动反馈电流、电池温度等进行控制。

（2）个别电池性能变化后，会影响到整个动力电池组性能，故需用电池管理系统来对整个动力电池组及其每一单体电池进行监控，保持各个单体电池间的一致性。

电池管理系统实时监控动力电池的使用情况：动力电池输出电能，通过电机控制器驱动电机运转产生动力，再通过减速机构，将动力传给驱动车轮，使电动汽车行驶。

### 2. 充电

动力电池组必须进行周期性充电。高效率充电装置和快速充电装置，是BEV使用时所必需的辅助设备。动力电池可采用地面充电器、车载充电器、接触式充电器或感应充电器等进行充电。车载充电器是把电网供电制式转换为对动力电池充电要求的制式，即把交流电（220 V 或 380 V）转换为相应电压（240~410 V）的直流电。

## （三）驱动电动机

驱动电动机是驱动 BEV 行驶的唯一动力装置，它的主要任务是在驾驶员的控制下，高效率地将动力电池存储的电能转化为车轮的动能驱动车辆，或者是在制动时将车轮的动能转化为电能反馈到动力电池中以实现车辆的制动能量回收。

### 1. 类型

驱动电动机可分为直流电动机、异步电动机、永磁电动机和开关磁阻电动机等类型。目前市面上的主流电动汽车所采用的电机类型是永磁同步电机和异步电机。永磁同步电机的最大优点是具有较高的功率密度与转矩密度，相比于其他电机，在相同质量与体积下，永磁同步电机能够为新能源汽车提供最大的输出动力与加速度。

相比于永磁同步电机，异步电机的优点是成本低、工艺简单、运行可靠、耐用、维修方便，而且能适应大幅度的工作温度变化，但温度大幅变化会损坏永磁同步电机。尽管在质量和体积方面，异步电机并不占优，但其转速范围广（最高可达 20 000 r/min 左右），即使不匹配二级差速器也能够满足该级别车型高速巡航的转速需求；至于质量对续航里程的影响，高能量密度的电池能够"掩盖"电动机质量方面的劣势。

#### 2. 再生制动

再生制动是 BEV 节能的重要措施之一。制动时电动机可实现再生制动，一般可回收 10%~15% 的能量，有利于延长 BEV 行驶里程。同时，在 BEV 制动系统中，还保留常规制动系统和防抱死制动系统（ABS 系统），以保证车辆在紧急制动时有可靠的制动性能。

### （四）控制系统

电动汽车整车控制系统是电动汽车的"大层"，由各个子系统构成，每一个子系统一般由传感器、信号处理电路、电控单元、控制策略执行机构、自诊断电路和指示灯组成。在不同类型的电动汽车上，整车控制系统存在一些区别，但总体来说一般包括电池管理系统、再生制动控制系统、电机机动控制系统、电动助力转向控制系统及动力总成控制系统等，各个子系统的功能不是简单地叠加，电动汽车是通过综合各子系统的功能来实现控制的。这些控制系统整合到一个控制箱中，一般叫作整车控制器。

BEV 的控制系统主要是对动力电池组的管理和对电动机的控制。

首先，将加速踏板、制动踏板机械位移的行程量转换为电信号，输入中央控制器，通过动力控制模块控制驱动电动机运转；其次，计算动力电池组剩余电量和剩余续驶里程；再次，对整车低压系统的电子、电器装置进行控制。

总之，控制系统采用各种各样的传感器、报警装置和自诊断装置等，对整个动力电池组—功率转换器—驱动电动机系统进行监控并及时反馈信息和报警。

### （五）车身及底盘

#### 1. 电动汽车车身

BEV 车身造型特别重视流线型，以降低空气阻力系数。

#### 2. 电动汽车底盘

（1）由于动力电池组的质量大，为减轻整车质量，采用轻质材料制造车身

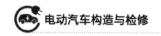

和底盘部分总成。

（2）动力电池组占据的空间大，在底盘布置上还要有足够的空间存放动力电池组，并且要求线路连接、充电、检查和装卸方便，能够实现动力电池组的整体机械化装卸。

### （六）安全保护系统

动力电池组具有高压直流电，必须设置安全保护系统，确保驾驶员、乘员和维修人员在驾驶、乘坐和维修时的安全。

同时，电动汽车必须配备电气装置的故障自检系统和故障报警系统，在电气系统发生故障时自动控制 BEV 不能启动，及时防止事故的发生。

## 三、纯电动汽车的工作原理

纯电动汽车的工作原理：蓄电池组（提供电能）→控制器、功率转换器（调速控制）→驱动电动机→传动系统（驱动车轮）→汽车行驶，如图 1-3-1 所示。

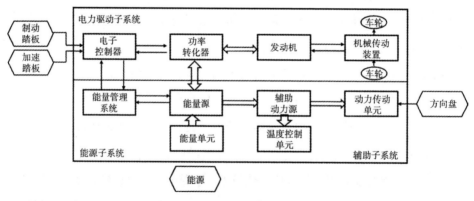

图 1-3-1　纯电动汽车的工作原理

不同于燃油汽车在变速时复杂的挡位变化过程，电动汽车的变速有些类似于调节手机声音的大小。通过音量按钮，手机的声音就可以变大或变小。在电动汽车上，驾驶员是通过操控制动踏板和加速踏板来改变车速的，实际上就是调控电能的大小。

驾驶员踩下加速踏板→传感器检测踏板的移动量→该值被传递到电控系统→电控系统向电机控制器发出指令→电机控制器计算电机的各项指标→控制电

机工作。

　　驾驶员轻轻踩下加速踏板时，电池的放电电流较小；驾驶员用力踩下加速踏板时，电池的放电电流会很大。减速时也是一样，所有的需求最终以可控制的电能形式在汽车内部的部件间传递。

### 四、辅助系统

　　辅助系统包括车载信息显示系统、动力转向系统、导航系统等。电动汽车借助辅助系统来提高自身操纵性和乘员的舒适性。

# 第四节　混合动力汽车整体结构

　　混合动力系统有多种分类方式。依据混合动力驱动的混合方式不同，混合动力系统可以分为串联式、并联式、混联式 3 种类型；依据混合度不同，混合动力系统可以分为微混合、轻度混合、中度混合、重度混合、插电式 5 类。

### 一、按混合方式分类

　　根据混合动力驱动的混合方式，混合动力系统主要分为串联、并联、混联三种类型。

### （一）串联式混合动力系统

　　串联式混合动力（Series Hybrid Electric Vehicle，SHEV）系统一般由内燃机直接带动发电机发电，产生的电能通过控制单元传到电池，再由电池传输给电机转化为动能，最后通过变速机构来驱动汽车。如图 1-4-1 所示，串联式混合动力系统由发动机、发电机、电机控制器、电动机和动力电池组成。发动机带动发电机发电，所产生的电能通过电机控制器提供给电动机，再由电动机转化为动能后驱动车辆。动力电池对在发电机产生的电能和电动机需要的电能之间进行调节，从而保证车辆在各种行驶工况下的功率需求。串联式混合动力系统的特点是通过电能方式实现动力耦合，电机控制器也是动力耦合器。该系统中有两个电源，即动力电池和发电机，这两个电源通过电机控制器串联在回路中，动力的流向为串联式，所以称这种系统为串联式混合动力系统。

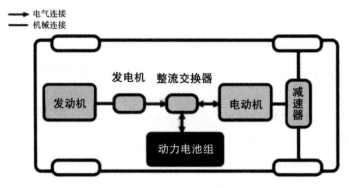

图 1-4-1　串联式混合动力系统

串联式混合动力系统主要应用于城市公交车，节油率可以达到 20% 左右。该系统可以实现以下工作模式。

**1. 纯电驱动模式**

发动机关闭，车辆驱动能量完全来自动力电池。该模式主要用于车辆低速行驶和停车工况。

**2. 纯发动机驱动模式**

车辆驱动能量来自发动机，经发电机、电机控制器、电动机进行能量转换后驱动车辆，动力电池既不提供能量也不接受能量。该模式主要用于车辆中速和高速行驶工况。

**3. 混合驱动模式**

车辆驱动能量同时来自发动机和动力电池，发电机发出的电能和电池提供的电能由电机控制器实现耦合，共同输送给电动机，该模式主要用于车辆加速和爬坡行驶工况。

**4. 发动机强动和电池充电模式**

来自发动机的机械能由发电机转化成电能后，由电机控制器分配能量，一部分输送给电动机用于驱动车辆，另一部分给动力电池充电。该模式主要用于车辆低负荷行驶且电池荷电状态（State of Charge，SOC）较低的工况。

### 5. 回馈制动模式

发动机关闭，电动机以发电形式工作，把来自车轮的动能转化为电能，通过电机控制器给动力电池充电。该模式主要用于车辆制动和下坡工况。

### 6. 电池充电模式

电动机不接受能量，由发电机把来自发动机的机械能转化为电能，通过电机控制器给动力电池充电。该模式主要用于车辆静止且电池 SOC 较低的工况。

串联方式的优点：

（1）发动机和强动轮之间没有机械连接，因此发动机可以工作在其速度 – 转矩图的任何点上。按照车辆的驱动功率需求，可以控制发动机总是工作在最低油耗区。在这个区域内，发动机的效率和排放情况可以通过特殊设计和控制技术得以进一步改善。

（2）由于电动机的速度 – 转矩特性非常适合汽车牵引需求，驱动系统可以不再需要多挡位的变速器，使得驱动系统结构得以简化。另外，在两个驱动轮上各使用一个电机，就可以去掉机械差速器，实现两个车轮间的解耦；还可以实现 4 个车轮各使用一个电动机，这样每个车轮的速度和转矩就可以实现独立控制，从而提高车辆的机动性。

（3）相比其他布置方式，由于发动机和驱动轮之间实现了完全的机械解耦，动力总成的控制策略简单。

串联方式的缺点：

（1）发动机产生的能量经过两次转换才到达驱动轮，能量损失多，效率低。

（2）发电机的使用增大了车辆质量和成本。

（3）由于电动机是驱动车辆的动力源，为满足车辆的加速和爬坡性能要求，其尺寸较大。

## （二）并联式混合动力系统

并联式混合动力（Parallel Hybrid Electric Vehicle，PHEV）系统是指以先进控制技术为纽带，将内燃发动机与电动机通过机械连接接入驱动系统，由两个动力源根据不同工作模式，分别进行驱动或者联合驱动。并联式混合动力系统由发动机、变速器、电机、电机控制器和动力电池组成，其中电机既作为电动机也作为发电机使用。并联式混合动力汽车有两个独立的驱动系统，即传统的发动机驱动系统和电机驱动系统。车辆驱动力由发动机和电机同时或单独供给，即两个动力系统既可以同时协调工作，也可以各自单独工作来驱动汽车。两个动力系统同时工作时，以机械方式实现动力耦合，动力的流向为并联式，所以称这种系统为并联式混合动力系统。如图 1-4-2 所示。

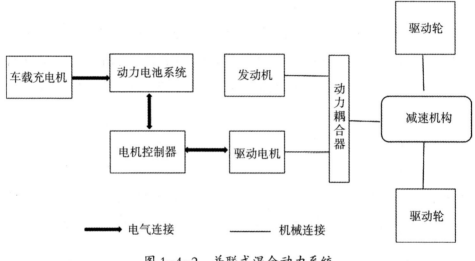

图 1-4-2　并联式混合动力系统

并联式混合动力汽车有内燃机和电动机两套驱动系统。它们可分开工作，也可一起协调工作，共同驱动。所以并联式混合动力汽车可以在比较复杂的工况下使用，应用范围比较广。

并联式混合动力汽车在实际的道路上运行十分复杂，主要包括：起步、加速、巡航、减速、制动、上坡、下坡、倒车、停车等。并联式混合动力汽车由于发动机和电机的高效工作区域并不相同，为了发挥并联式混合动力系统的优势，汽车应根据不同运行工况，采取与之相适应的工作模式，以提高车辆整体动力性、经济性及排放性。在并联式混合动力系统下，根据不同的工况要求和能量分配方案可将并联式混合动力汽车工作模式分为六种基本模式：纯电动模式、纯发动机模式、混合驱动模式、行车充电模式、再生制动模式和怠速/停车模式。

### 1.纯电动模式

当并联式混合动力汽车处于低速、轻载等工况且电池的 SOC 较高时，若以发动机作为驱动动力源，则发动机不仅燃油效率较低，而且排放性能很差。因此，在这种情况下，发动机停止工作，由电池提供能量驱动电机带动整车运动。但当电池的 SOC 较低时，为了延长电池寿命，应当切换到行车充电模式。

### 2.纯发动机模式

在车辆中高速行驶且中等负荷时，车辆克服行车阻力所需的动力并不是很大且电池的 SOC 并不是很低。在这种情况下，主要由发动机提供动力。此时，发动机工作处于较高的效率区域且排放性也较好。

### 3.混合驱动模式

在急加速或爬坡等大负荷情况下，当车辆所需的动力超过发动机工作能力或不在发动机高效区时，这时驱动电机以电动机的形式工作对发动机进行助力。若此时电池的 SOC 值比较低，为了保护电池，只能由发动机单独驱动。

### 4.行车充电模式

在车辆正常行驶等中低负荷时，若电池的 SOC 较低，发动机除了要提供驱动车辆所需的动力外，还要提供额外的功率对电池充电。

### 5.再生制动模式

当并联式混合动力汽车减速/制动时，电机在保证制动安全的前提下尽可能多地回收再生制动能量，剩余的能量由机械制动系统消耗掉。

### 6.怠速/停车模式

在怠速/停车模式中，并联式混合动力通常关闭发动机和电机，但如果这时电池的 SOC 较低，需要开启发动机和电机，控制发动机带动电机为电池充电。

并联式混合动力系统应用较多，在各种车型上都有应用，其中，在节油率方面，基于传送带传动的发电启动一体式电机（Beltdriven State Generalar，BSG）的车型可以达到 5%，基于集成启动电机（Integrated State Generator，ISG）的车型为 15%，并联公交车为 25%~30%。

### （三）混联式混合动力系统

混联式混合动力（Series/Parallel Hybrid Electric Vehicle）系统由发动机、动力分配机构、发电机、电机控制器、电动机和动力电池组成。发动机的动力经过动力分配机构后分成两部分，一部分直接驱动车辆，形成机械传输通道，另一部分带动发电机发电，所产生的电能通过电机控制器提供给电动机以驱动车辆，形成电力传输通道。通过调整发电机转速，可以控制机械传输通道和电力传输通道的动力分配比例。

#### 1. 系统结构

混联式混合动力系统实际就是串联、并联的组合体。它可以任意在串联或并联模式工作，当汽车在低速时，驱动系统以串联式工作为主；当汽车高速稳定行驶时，以并联为主。为了实现两种模式完美结合，就需要一个复杂的传动系统和控制系统，如图1-4-3所示。

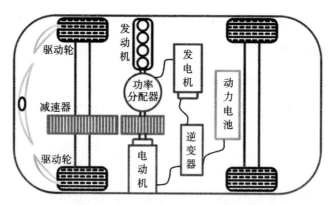

图1-4-3　混联式混合动力系统

混联式同时具有串联式和并联式的优点，能够使发动机、发电机、电动机等部件进行更优化的匹配，更容易实现排放和节油的控制目标，同时结构也更加复杂，一般采用行星齿轮机构，作为动力复合装置。

#### 2. 工作模式

（1）纯电驱动

这个模式和串联、并联的模式并无差异。利用电池的电能，通过电动机，单独驱动汽车。如图 1-4-4 所示。

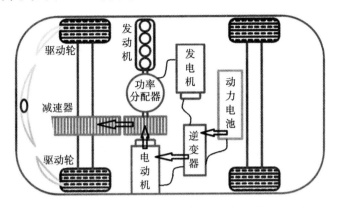

图 1-4-4　混联式混合动力系统纯电驱动原理

（2）串联驱动

使用场合一是低速爬坡，二是电池电量不足。如图 1-4-5 所示。

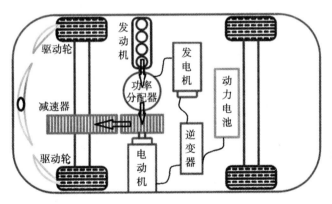

图 1-4-5　混联式混合动力系统串联驱动原理

特别注意：这里发动机通过功率分配器，传递给发电机的是机械能。

（3）纯发动机驱动

这种模式和传统汽车并无区别，用在路面情况较好的工况。如图 1-4-6
所示。

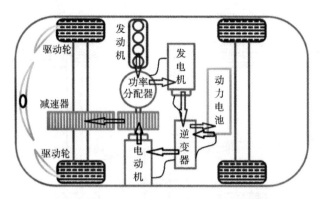

图 1-4-6 混联式混合动力系统纯发动机驱动原理

（4）行车充电

一般在发动机负荷较低时使用。如图 1-4-7 所示。

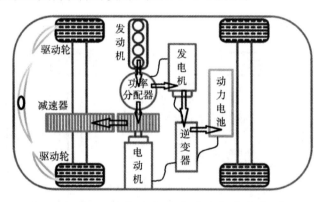

图 1-4-7 混联式混合动力系统行车充电原理

（5）停车充电

停车时，发动机为电池补电，以备下次启动时使用。如图 1-4-8 所示。

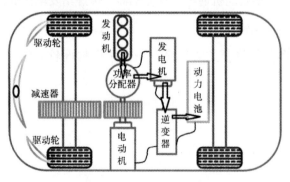

图 1-4-8 混联式混合动力系统停车充电原理

（6）制动能量回收

制动时，车辆产生反向扭矩，电动机作发电机用，给动力电池充电。如图1-4-9所示。

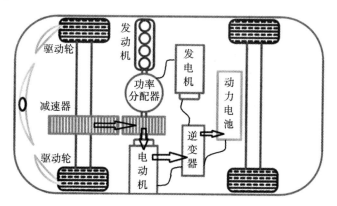

图 1-4-9 混联式混合动力系统制动能量回收原理

（7）并联驱动

发动机和动力电池–电动机系统同时输出机械能。如图 1-4-10 所示。

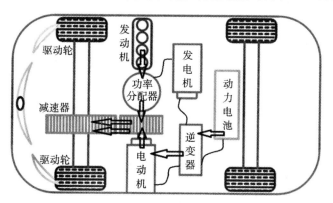

图 1-4-10 混联式混合动力系统并联驱动原理

（8）全加速

发动机、发电机和电动机同时输出动力。如图 1-4-11 所示。

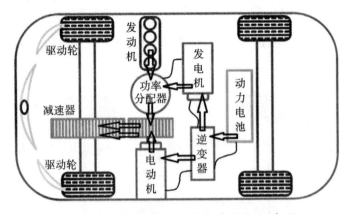

图 1-4-11　混联式混合动力系统全加速原理

特别注意：这里发电机作电动机用，动力电池给它供电。

## 二、按混合度分类

根据电动机的输出功率在整个系统输出功率中所占比例，混合动力系统可以分为以下 5 类：微混合动力（也称弱混合动力）、轻度混合动力、中度混合动力、重度混合动力（也称全混合动力、强混合动力）、插电式混合动力（Plug-in Hybrid）系统。混合度不同，功能要求也有差别，具体见表 1-1。混合度指的是电系统功率 $P_{elec}$ 占动力源总功率 $P_{total}$ 的百分比。

表 1-1　混合动力系统的类型及功能要求

| 类型 | 功能要求 |
|---|---|
| 弱混合动力系统 | 发动机自动起停 |
| 轻度混合动力系统 | 发动机自动起停＋回馈制动 |
| 中度混合动力系统 | 发动机自动起停＋回馈制动＋电动辅助 |
| 重度混合动力系统 | 发动机自动起停＋回馈制动＋电动辅助＋纯电驱动 |
| 插电式混合动力系统 | 发动机自动起停＋回馈制动＋电动辅助＋纯电驱动＋电网充电 |

### 1. 弱混合动力系统

这种混合动力系统对传统发动机的起动机进行了改造，形成由传送带传动的发电起动一体式电机（BSG）。该电动机用来控制发动机快速起停，因此可以取消发动机的怠速过程，降低了油耗和排放量。微混合动力系统搭载的电机功率比较小，仅靠电机无法使车辆起步，起步过程仍需要发动机介入，是一种初级的混合动力系统。在微混合动力系统中，电机的电压通常有两种：12V 和 42V，其中 42V 主要用于柴油混合动力系统。在城市循环工况下，其节油率一般在 5%~10%。

### 2. 轻度混合动力系统

该混合动力系统采用了集成起动电机（ISG）。与微混合动力系统相比，轻度混合动力系统除了能够实现用电机控制发动机的起停外，还能够在车辆制动和下坡工况下，对部分能量进行回收；在行驶过程中，发动机的动力可以在车轮的驱动需求和发电机发电需求之间进行调节。轻度混合动力系统的混合度一般在 20%以下。其代表车型是通用公司的混合动力轻型载货汽车。

### 3. 中度混合动力系统

该混合动力系统同样采用了 ISG 系统。其与轻度混合动力系统的不同之处在于，中度混合动力系统采用的是高压电机，在汽车加速或者大负荷工况时，电动机能够辅助发动机驱动车辆，补充发动机本身输出动力的不足，提高整车性能。这种系统的混合度较高，可以达到 30%左右，在城市循环工况下节油率可以达到 20%~30%。目前该技术比较成熟，应用广泛。本田公司旗下的 Insight、Accord 和 Civic 混合动力汽车就采用了这类系统。

### 4. 重度混合动力系统

重度混合动力系统采用 272~650 V 的高压电机，混合度可以达到 50%以上，在城市循环工况下节油率可以达到 30%~50%。其特点是动力系统以发动机为基础动力，以动力电池为辅助动力。采用的电动机功率更为强大，完全可以满足车辆在起步和低速时的动力要求。因此，重度混合动力汽车无论是在起步还是低速行驶状态下都不需要启动发动机，依靠电动机即可，在低速时就像一款纯电动车；在急加速和爬坡运行工况下，当车辆需要较大的驱动力时，电动机和发动机同时为车辆提供动力。随着电机、电池技术的进步，重度混合动力系统逐渐成为混合动力技术的主要发展方向。丰田公司的 Prius 混合动力系统就属于重度混合动力系统。

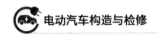

### 5.插电式混合动力系统

插电式混合动力汽车是可以利用电网对动力电池充电的混合动力汽车,可以纯电模式驱动车辆行驶,且纯电动行驶里程较长;电能不足时,车辆仍然能以重度混合模式行驶。一般插电式混合动力轿车都有车载充电机,可以使用家用电源为电池充电,而插电式混合动力公交车由于行驶路线固定,通常利用外接充电机充电。

插电式混合动力系统的电动机功率比纯电动汽车用的电动机功率稍小,动力电池的容量介于重度混合动力车辆和纯电动车辆之间。由于具有利用夜间用电低谷对动力电池充电、降低排放量等优势,插电式混合动力汽车已成为电动汽车主流发展方向之一。

# 第五节　增程式电动汽车整体结构

增程式电动汽车(E-REV)是一种纯电驱动行驶的混合动力汽车,以蓄电池为主要动力,小排量发动机为辅助动力,其发动机不直接驱动汽车,仅用于带动发电机发电,因此,该车型结构和动力性能都接近纯电动汽车,启动后的发动机可在最佳燃油经济区输出功率和扭矩,提高了整车燃油经济性,同时带有一个仅当RESS(可再充式能量储存系统)能量不足时发挥起动工作的附加能量装置。增程式电动汽车是当前电动汽车主要的发展方向。它的出现是为了解决纯电动汽车续航里程短的问题,其除配备传统的动力电池组外,还配备有发电机组(即增程器)。增程器主要由发动机、发电机、控制系统及变频器组成。通过消耗传统的燃油发电来对汽车行驶过程中的电能进行补偿,或对动力电池组进行充电。其主要包括大容量蓄电池、热机加发电机组合、燃料电池系统等。增程式电动汽车的典型结构如图1-5-1所示。

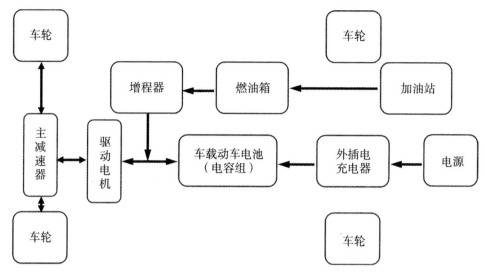

图 1-5-1　增程式电动汽车的典型结构

## 一、增程式电动汽车的工作模式

通常情况下，增程式电动汽车的动力电池存储了足够的电量，这时驱动电动机的动力来源主要是动力电池。在一定的行驶时间范围内，增程式电动汽车的行驶特性与纯电动汽车的相同，真正实现了"零油耗，零污染，零排放"。当动力电池的 SOC 值下降到某一设定下限值后，车载发电机组（增程模式）开始工作，延长其续航里程。

增程式电动汽车的动力传动系统由电驱动系统、发动机 / 发电机系统、功率分配装置、动力电池组成。电驱动系统由驱动电机及牵引力驱动控制装置组成，发动机到驱动电机之间没有机械连接，而是首先通过发电装置，将燃油的化学能转化成三相交流电，然后发电机驱动控制器将交流电流转化成直流电流，并通过发电机驱动控制装置到达功率分配装置，根据工况需要做出牵引力驱动控制的功率分配。

发动机作为主要动力源时的动力传输过程是：

1. 在需求功率比较大的时候，功率分配装置会直接将电能传递给驱动力控制装置，驱动车辆行驶，不经过电池管理系统。根据车辆功率需求，驱动力控

制系统中的逆变器将直流电转化成三相交流电，驱动电动机运转。

2.在增程模式下，如果增程模块提供的电能有剩余，则多余的电能将为蓄电池充电，蓄电池在增程模式下，起到平衡系统的充电和放电作用，稳定系统电压。

3.停车时，可以通过外接充电装置为蓄电池充电。此外，动力系统提供的电能要满足附件功率的需求，如散热器、风扇、空调压缩机等。

各个系统之间的数据传输由 CAN（控制器局域网）总线完成，实现控制单元之间的信息传递和命令执行，根据驾驶员施加给加速踏板或者制动踏板的位置指令，获取需求功率信息，传递给主控制器，主控制器根据目前行驶状况和车辆的状态进行判断，确定当前 E-REV 的运行模式，将控制指令传递给部件控制器，如牵引力驱动控制器、电池管理系统、发动机驱动控制器、附件功率控制器等。

## 二、增程器

E-REV 动力系统的驱动电机及其控制系统集成在发动机舱，一般将汽车电池及其管理系统集成一个 T 字形结构，布置在车身底盘下方的位置。由于省去了普通燃油汽车的变速箱和机械传动系统，其布置位置相对灵活。发动机、发电机和发电机驱动控制装置共同组成了一个增程器系统。增程器是增程式电动汽车驱动系统的关键组件。发动机/发电机系统与驱动车轮在机械上是分离的，发动机的转速和转矩与车速和牵引转矩无关，因此可控制发动机运行在其转速–转矩平面上的任意点。通常应控制发动机运行在最佳工况区，因为此时发动机的油耗和排放最低，由于发动机和驱动车轮没有机械连接，最佳的发动机运行状态是可以实现的，这与电驱动系统的运行模式和控制策略密切相关。

## 三、增程式电动汽车与传统混合电动汽车的区别

### （一）是否需要充电

增程式电动汽车不需要充电，它完全利用电动机和发动机的工作切换来达

到最佳燃油效率。插电混动可以充电，在短途通勤的情况下，如果充电便利，完全可以成为一辆纯电动汽车，只在长途通行时使用汽油发动机。

### （二）车轮驱动不同

增程式电动汽车无论是在纯电动模式还是增程模式下，其车轮始终由电机驱动。传统的混合电动汽车在混合动力模式下，其车轮由发动机和发电机共同驱动，这个过程需要很好的动力耦合。

### （三）混合动力模式不同

增程式电动汽车必须在串联式混合动力模式下工作，而传统的混合电动汽车不仅可以在串联式混合动力模式下工作，而且可以在并联式或者混联式混合动力模式下工作。从单独性能看，增程式电动汽车在设计之初就要考虑动力电池与驱动系统的匹配问题，而传统的混合动力汽车因为发动机也参与驱动，对电池与电机系统的匹配要求就没有那么高。

## 三、典型的增程式电动汽车

"理想 ONE"的增程式电动汽车在驱动模式上，进行了一定的优化。当电池组电量充足时，驱动电机的电力仅由电池提供；当电量降低到临界值时，车内增程器起动，消耗燃油发电，并优先为电机提供电力。如果此时增程器的发电功率可以满足车辆的动力需求，多余的电量则会进入电池储存。

在急加速或高速行驶时，仅靠增程器驱动会出现供电不足的情况，此时电池会输出部分电量协助驱动。当燃油也耗尽时，增程式电动汽车开始使用电池剩余电量供电。值得一提的是，如果要进行长时间的高速行驶，"理想 ONE"的驾驶员可以手动提高增程器介入的电池临界值，提高电池的介入强度，以避免出现动力不足和油耗偏高的问题。

发动机只有在一定的转速区间才能表现出最佳油耗。增程式电动汽车的发

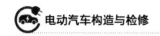

动机可以不受路况的影响,一直维持在转速恒定的高效区间工作,减少车辆加减速导致的油耗增加。在加减速较多的城市道路,这种优势尤为突出。另外,增程式电动汽车无离合器、变速器等机械装置,结构更加简单,维护相对容易。

## 四、增程式电动汽车的优缺点

### (一)增程式电动汽车的优点

(1)启动扭矩大,可作为纯电动车使用。

(2)不需要变速箱。因为有发动机发电,解决了基础设施不足的问题。

(3)通过控制系统的优化,发动机可以始终工作在合适的转速。城市堵车油耗也比较低,发动机噪声也能控制得很小。

(4)当车载可充电储能系统不能满足续航里程要求时,开启车载辅助供电装置可为动力系统提供电能,延长续航里程。车载辅助供电装置与传动轴(带)等传动系统无传动连接。

### (二)增程式电动汽车的缺点

(1)由于增程式电动汽车的发动机和发电机不直接驱动车轮,部分动力会被浪费掉。

(2)在高速路况下,如果发动机直接驱动车轮,车辆可以保持最佳工况,但增程式插电式混合动力汽车需要一个转换过程,会消耗能量,造成高油耗。

## 五、增程式电动汽车未来的发展方向

电动汽车的增程式对环境的适应性更强,且具有较高的系统复杂性,适合应用于大型车辆。相比插电式混和动力,增程式技术在控制上也具有优势,是解决续驶里程、环境适应性等问题的较佳方案。从当前来看,增程式车型能在部分环境下替代纯电动车型。如在高寒地区,由于纯电动汽车存在电池适应性差、动力锐减等缺点,增程式电动车具有较强的竞争力。因此,增程式电动汽车最为接近纯电动汽车,同时也是纯电动汽车现存核心问题的最优解决方案。

# 第六节　燃料电池汽车整体结构

燃料电池汽车（Fuel Cell Vehicle，FCV）是一种用车载燃料电池装置产生的电力作为动力的汽车。燃料电池汽车实质上是电动汽车的一种，在车身、动力传动系统、控制系统等方面，燃料电池汽车与普通电动汽车基本相同，主要区别在于动力电池的工作原理不同。燃料电池的反应机理是将燃料中的化学能不经过燃烧直接转化为电能，即通过电化学反应将化学能转化为电能，实际上就是电解水的逆过程，通过氢氧的化学反应生成水并释放电能。

燃料电池的反应不经过热机过程，因此其能量转换效率不受卡诺循环的限制，能量转化效率高；它的排放物主要是水，非常清洁。因此，燃料电池技术的研究和开发备受各国政府与大公司的重视，被认为是 21 世纪洁净、高效的发电技术之一。

## 一、燃料电池汽车的组成

纯燃料电池汽车只有燃料电池一个动力源，汽车的所有功率附和都由燃料电池承担。燃料电池汽车多采用混合驱动模式，在燃料电池的基础上，增加了一组电池或超级电容作为另一个动力源。燃料电池的基本组成有：电极、电解质、燃料和氧化剂。燃料可以是氢气（$H_2$）、甲烷（$CH_4$）、甲醇（$CH_3OH$）等，氧化剂一般是氧气或空气，电解质可为酸碱溶液（$H_2SO_4$、$H_3PO_4$、$NaOH$ 等）、熔融盐（$Na_2CO_3$、$K_2CO_3$）、固体聚合物、固体氧化物等。与普通电池不同的是，只要能保证燃料和氧化剂的供给，燃料电池就可以连续不断地产生电能。

### （一）燃料电池汽车的组成部分

（1）燃料电池发动机（FCE）：主要由燃料电池堆、进气系统、排水系统、供氢系统、冷却系统、电堆控制单元和监控系统组成。此为主要动力源。

（2）动力蓄电池组：辅助动力源。

（3）电流变换器：交直流变换。

（4）动力总成：传递动力、换挡。

（5）氢气系统：提供氢气。

（6）动力控制单元：动力控制、故障诊断。

（二）燃料电池汽车的动力总成

燃料电池汽车的动力总成主要包括：空气辅助系统、氢气辅助系统、冷却系统、驱动电机系统、电池反应堆等几部分。

## 二、管理系统

FCV 热管理系统包括制冷系统和冷却水系统。

FCV 的制冷系统由压缩机、一级冷凝器、二级冷凝器、带温度调节装置的膨胀阀、蒸发器、冷却风扇、制冷剂管路等组成。与前期设计不同的是，该系统增加了二级冷凝器。一级冷凝器与二级冷凝器串联以满足 FCV 空调系统散热量大的要求。冷凝器的散热采用空冷式散热，一级冷凝器增加了一个高压风扇，二级冷凝器自带风扇。制冷系统是一个密封的循环系统，其中充有制冷剂 R134a（四氟乙烷）。黑色管路中走的是液态制冷剂，白色管路中走的是气态制冷剂。

FCV 冷却水循环系统分为 FCE（燃料电池发动机）和 PCU（动力控制单元）冷却水循环系统。FCE 的冷却水经水泵直接进入 FCE 主、副散热器，经散热器冷却后进入燃料电池（FC），带走 FC 的热量后又进入水泵进行循环。要注意的是 FCE 水冷却循环系统要求高压水先经过 FCE 散热器降压后再进入 FC，这是因为目前 FC 内部所能承受的压力较低，一般在 52.5~157.5 Pa，而能够承受 315 Pa 水压的 FC 可以采用高压水直接进入 FC 的冷却系统。

PCU 的冷却水经水泵后分别进入 PCU 和空压机为其散热，其中从 PCU 出来的冷却水又进入驱动电机为其散热，然后从空压机和驱动电机出来的冷却水进入暖风散热器，或经过暖风旁通阀直接回流。根据回流冷却水的温度情况，冷却水经过 PCU 旁通阀直接进入冷却水泵进行循环，或冷却水经过 PCU 散热器降低温度后再进入冷却水泵进行循环。

### 三、电子控制

与传统汽车相同，电子控制在燃料电池汽车的发展中也将起着越来越重要的作用。未来，汽车的各种操纵系统都会向着电子化和电动化的方向发展，实现"线操控"，即用导线代替机械传动机构，如"导线制动""导线转向"等，所以现有的12 V动力电源已满足不了汽车上所有电气系统的需要，42 V汽车电气系统新标准的实施，将会使汽车电器零部件的设计和结构发生重大的变革，机械式继电器、熔丝式保护电路也将随之淘汰。同时，由于燃料电池电压低，电流大；输出电流会随温度的升高而升高，输出电压会随输出电流的增大而下降；从开始输出电压、电流到逐渐进入稳定状态，停留在过渡带范围内的动态反应时间较长的特点，大多数电器和电机难以适应其电压特性，所以必须和DC/DC变换器及DC/AC逆变器配合使用，通过对燃料电池系统进行大量的功率调节才能保证电压的稳定。

另外，当燃料电池的输出功率大于汽车的需要时，多余的功率可对蓄电池进行充电，在动力系统启动时蓄电池可以给辅助系统提供电源；当燃料电池的功率不能满足汽车加速、爬坡时，蓄电池可提供附加功率，配合燃料电池共同使用。

所以，燃料电池汽车可采用42 V的辅助电源独立地为各种电子、电气设备提供电能。

### 四、燃料电池汽车的优点

燃料电池汽车具有以下优点：

（1）"零排放"或近似"零排放"；

（2）减少了机油泄漏带来的水污染；

（3）降低了温室气体的排放量；

（4）提高了燃油经济性；

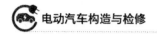

（5）运行平稳，无噪声。

## 五、燃料电池汽车的应用

自 21 世纪初以来，不同类别的燃料电池汽车已经开始逐步进入原型设计和生产阶段，经过政府和业内人士多年的努力，现在几乎所有车辆类型都有燃料电池汽车的产品或原型。对乘用车而言，燃料电池汽车已经可以进行商业化应用，但由于加氢基础设施有限，且购置成本高，因而当前使用率仍较低。在商用车领域，叉车、公交车、轻型和中型卡车一直处于燃料电池商用车应用的前沿。

### （一）燃料电池乘用车应用现状概述

第一款由商业流水线量产的氢燃料电池乘用车可以追溯到 2014 年的丰田 Mirai。然而，在美国、欧洲和日本，当前燃料电池乘用车每年采购量只有几百或几千辆。燃料电池乘用车提供了一个在使用性上与传统燃油车相似的零排放解决方案。燃料电池车只需要 3~5 分钟就可以充满氢燃料，单次加氢可以行驶 400~560 千米，与燃油车相当。早期使用燃料电池车的主要是租赁公司、车队运营商、政府机构和企业客户。由于缺乏广泛的加氢基础设施，个人客户较少。然而，随着基础设施的增加，预计未来个人消费将会大大增加。

### （二）燃料电池公交车应用现状概述

目前，燃料电池公交车是应用最广泛的燃料电池汽车车型之一。这是因为它们大多是对公众运营，并有非常稳定可预测的运营模式。公交车的典型特征是有规律、可预测的路线，因此它们只需要很少的加氢站。此外，政府部门所采取的提倡措施对公交运营商的影响也很大，这使得公交车成为燃料电池技术早期应用的绝佳选择。燃料电池公交车还是一个对社会有展示意义的绿色社会所倡议的绿色公共交通方式的模板。然而，燃料电池公交车的广泛应用仍面临挑战。首先，与化石燃料相比，氢的价格仍然很昂贵。其次，虽然燃料电池系统总体上是可靠的，但与内燃机相比，由于技术相对较新，可能会出现技术问题，不利于快速维修和更换零部件，不过这些问题预计会随着技术应用的成熟而得到缓解。

### （三）轻型和中型燃料电池卡车应用现状概述

在我们研究的主要市场中，围绕轻型和中型燃料电池卡车的部署采取了各类方案和行动，且大多由私营部门主导（尽管有政府的支持），这与公交车形成了有趣的对比。主要有以下几点原因：首先，燃料电池技术被认为是一个同城和城际物流强有力的竞争者。从技术角度来看，燃料电池卡车的续航里程通常超过150公里，这使得它们能够完成大部分同城和城际的货物运输。其次，燃料电池卡车可以满足城市地区更严格的环境要求和噪声法规，这鼓励了政府和车队运营商加速采用燃料电池汽车。最后，与纯电动汽车相比，燃料电池汽车加氢时间非常短，大大提高了物流车队的作业效率。货运占城区交通流量的很大一部分，这使得应用燃料电池技术很有希望成为一种主要的城市减排方式。预计在不久的将来，轻型和中型燃料电池卡车在同城和城际物流中的应用将会继续增长，尤其是在中国，因为其商业基础设施的发展速度非常快。

### （四）燃料电池重型卡车应用现状概述

考虑到高污染和温室气体排放，重型卡车被认为是开发零排放汽车的一个非常有前景的细分市场。燃料电池重型卡车的发展相对滞后于其他车型，大多数主要的制造商都处于研发阶段，只有有限的产品推出或测试。燃料电池重型卡车发展相对缓慢，主要是由车辆成本高、氢燃料成本高（长途运输重负荷）和有限的加氢基础设施造成的。从积极的方面来看，与纯电动卡车相比，燃料电池重型卡车可以提供更快的加氢时间，这对车队减少日常运营中的等待时间至关重要。与相同规格的纯电动卡车相比，燃料电池重型卡车具有更长的续航里程。目前，燃料电池技术正变得越来越成熟，并在重型车辆的应用上进行了优化。专家预计，燃料电池重型卡车可以提供接近传统车辆的续航里程和充能时间，再加上零排放，为其在未来取代柴油和纯电动重型卡车提供了巨大优势。

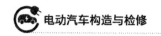 

### （五）燃料电池叉车应用现状概述

叉车是燃料电池技术的前沿应用领域。首先，叉车在技术要求和基础设施方面对燃料电池的应用性比其他车型有优势，叉车所需的最大输出功率仅为乘用车的十分之一。此外，由于叉车主要在仓库等小范围区域作业，因此对加氢站数量需求不高。第三，随着时间的推移，电池放电会使得电压下降，导致电动叉车速度减慢及生产效率下降。如电动叉车工作 4 小时后，再继续工作 4 小时的话速度会平均下降 14%，而燃料电池叉车可以实现稳定的工作效率。最后，由于燃料电池车辆没有污染排放，因此非常适用于空间封闭的仓库，尤其是食品饮料等有较高卫生要求的仓库。在中国，燃料电池叉车的使用目前还比较有限，但是已经有很多公司开始对燃料电池叉车进行相关的研发，这也得到了各地区政府法规的支持。

### （六）燃料电池技术在采矿车上的应用现状

那些面临严重碳排放问题的采矿公司逐渐认识到，采用燃料电池采矿卡车可能是一种很好的零排放替代方案。与传统柴油矿车和纯电动矿车相比，燃料电池采矿设备具有以下优点：理论上，它可以达到与柴油车相同的机动性、动力和安全性能；同时，它一方面享有与电动车一样的清洁性，而另一方面又可以在更短的时间内进行加氢，并运营更长的续航里程；此外，与柴油矿车相比，燃料电池采矿设备不会在地下环境中排放有害气体，从而减少对矿工健康的危害。但目前市场上燃料电池矿车产品有限，尚没有广泛的试点，说明燃料电池矿车的发展仍处于初级阶段。目前，几家公司正在开发燃料电池矿车，例如，中国潍柴集团于 2018 年与多家企业合作开发了 200 吨燃料电池矿车。从目前来看，燃料电池采矿车的应用还需要得到进一步的技术研究和政府支持。

总之，燃料电池车因其简单性和灵活性而具有在各种类型汽车上的广泛应用前景。

# 第二章　动力电池的使用与维护

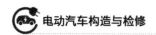

# 第一节　动力电池概述

## 一、动力电池的定义

动力电池具体指的是具有较高的电能和输出功率，能够为耗能型工具提供动力的电池，主要装载于电动汽车、电动自行车、高耗能工业用品等。由于其对安全性和能量要求较高，因此与普通电池在电池容量、放电功率以及应用领域等方面存在较大差异。对电动汽车来说，动力电池就是为电动汽车提供动力来源的电源（电池）。

## 二、动力电池的基本要求

作为电动汽车的主要能量来源，动力电池需要满足以下基本要求。

### （一）安全性高

动力电池安全性要从根基做起。车是运输工具，尤其是客车，安全性必须是 100% 的。目前电动汽车火灾频次还是比较高的，其安全性问题相当严峻。如果动力电池的安全性不能得到 100% 的有效保障，就有可能动摇市场发展电动汽车的决心和信心。

### （二）使用寿命要长

动力电池是汽车主要总成件，车企的要求是，客车动力电池寿命必须长于8 年，乘用车的电池寿命必须长于 70 万公里。低于以上指标，电动汽车就无法与燃油车相比，电动汽车就挑不起中国汽车产业升级的重任。

### （三）要保障车辆续航里程不低于350公里

目前一线城市公交车一天运营里程在 230 公里上下，出租车在 350 公里上下。动力电池能量密度必须提高一些，同时兼顾功率密度，才能满足新能源汽车发展需要。如果动力电池能保障车辆续航里程不低于 350 公里，我国电动汽车推广应用就取得决定性成功，与燃油车竞争的实力基本具备。乘用车汽车市场主要需求在 A、B 级车，如果动力电池能有 350 公里的续航里程，A、B 级车实现纯电动化就基本可以普及。

### （四）动力电池标准化

动力电池标准化除了单纯的单体、模块、尺寸标准化外，还要推行标准电压和惯性尺寸，并落实到规格上的标准化层面，就好比螺钉等标准件一样。这对加工设备的标准化，实现智能化、降低成本、节约社会资源都是有利的。动力电池规格标准化对新车开发更有直接意义。

## 三、电动汽车动力电池的作用

动力电池的直接作用是为电动汽车提供动力。很多电动汽车的动力电池采用三元锂电池，这种电池以钴酸锂锰酸锂或镍酸锂等化合物为正极，以可嵌入锂离子的碳材料为负极，使用有机电解质。它能接收和储存由车载充电机、发电机、制动能量回收装置或外置充电装置提供的高压直流电，并且为电动汽车提供高压直流电。

动力电池特点：高能量和高功率；高能量密度；高倍率部分荷电状态下（HRPSOC）的循环使用；工作温度范围宽（−30℃~65℃）；使用寿命长，要求 5~10 年；安全可靠。

## 四、动力电池的性能指标

电池的性能指标主要有电压、容量、内阻、能量、功率、输出效率、自放电率、使用寿命等，电池种类不同，其性能指标也有差异。

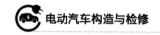 

## （一）电压

因为可以根据电池电压的大小，判断电池的电量状态，所以电池电压是非常关键的一个性能指标。电池电压又分为端电压、开路电压、额定电压、充电终止电压和放电终止电压。

在电池放电工作状态下，当电流流过电池内部时，需要克服电池的内阻所造成阻力，故工作电压总是低于开路电压，充电时则与之相反。锂离子电池的放电工作电压在 3.6 V 左右。

## （二）容量

电池在一定的放电条件下所能放出的电量称为电池的容量。常用单位为安培小时，它等于放电电流与放电时间的乘积。电池容量可以分为理论容量、实际容量、标称容量和额定容量等。

例如，锂离子电池规定在常温、恒流（1C）、恒压（4.2V）控制的充电条件下，充电 3h、再以 0.2C 放电至 2.75V 时，所放出的电量为其额定容量。

## （三）能量

电池的能量是指在一定放电制度下，电池所能输出的电能，单位是 Wh 或 kW·h。它影响电动汽车的行驶距离。能量分为理论能量、实际能量、比能量和能量密度。

比能量（E）也称质量比能量，是指电池单位质量所能输出的电能，单位是 Wh/kg。常用比能量来比较不同的电池系统，它是影响电动汽车整车质量和续驶里程的重要指标。能量密度也称体积比能量，是指电池单位体积所能输出的电能，单位是 Wh/L，其影响蓄电池的布置空间。

## （四）功率

电池的功率是指电池在一定放电制度下，单位时间内所输出能量的大小，单位为 W 或 kW。电池的功率决定了电动汽车的加速性能和爬坡能力。

电池的单位质量或单位体积的功率称为比功率（P）。比功率是电动汽车加速和爬坡能力等动力性能的重要指标。需要注意的是，比功率与蓄电池放电深度（DOD）密切相关，在表示蓄电池比功率时要指出蓄电池 DOD。

由于电动汽车生产商在某特定车型中要严格控制电池在车身中所占空间，因此在动力锂电池体积一定的情况下，能量密度越高的电芯，电池的能量越大，续航里程也就越长。因此，国家从 2017 年开始将动力锂电池能量密度指标纳入补贴考核范围，用以推动电动汽车及电池行业技术发展。

动力电池的另一个重要指标是一致性。单只电池的性能指标包括能量、开路电压、内阻等。电池系统中串并联的单体电芯个数很多（一辆特斯拉用到的圆柱 18650 电芯多达 5000~7000 只）。假如众多单体电池的内阻等方面不能保持高度一致，在相同电流流过时，内阻大的电芯就会发热，进而发生爆炸等安全事故。另一方面，由于电池系统的能量和寿命存在短板效应（由系统中能量最小、寿命最短的电池决定）。因此，对动力电池生产公司来说，生产出的电池不仅要具有高能量密度，还要保证一致性较强，只有这样才能满足车企对电池的要求。

## 五、动力电池材料

### （一）正极材料

磷酸铁锂（$LiFePO_4$）俗名铁电，是最近几年才兴起的用作动力电池正极的材料，与之前电池正极材料的最大区别是加入了铁元素，其安全性能与循环寿命得到极大提升，而这些也正是动力电池最重要的技术指标。磷酸铁锂电池的理论容量是 170 mAh/g，做成材料的实际可达容量为 160 mAh/g；充放循环寿命达 2000 次；单节电池过充电压 30 V 不燃烧，穿刺不爆炸。

目前，常用的动力电池为三元锂电池，它又分为 NCM 和 NCA 两种，镍钴锰电池（NCM）是正极材料由镍、钴和锰三种元素通过不同配比制造而成，镍钴铝电池（NCA）是正极材料由镍、钴和铝三种元素制造而成。镍的主要作用是用来嵌埋锂离子，提高镍的比例能够提升电池的能量密度，但过量的镍会降低材料的循环性能，降低电池的使用寿命。钴能够提高导电率，改善循环性能，延长电池的使用寿命，但过量的钴，则会降低嵌埋容量，降低能量密度，此外，由于钴资源贫乏，价格高，过高的钴含量将增加电池的材料成本。锰的作用是提高安全性和材料结构的稳定性，由于成本低廉，可以降低电池的材料成本，但过高的锰会出现尖晶石相，破坏层状结构。常见的NCM111/523/622/811指的都是这三种元素之间的比例。也就是说，NCM811是目前镍比例最高的正极材料。目前NCM811和NCA两种高镍材料是动力电池的主流正极材料。

## （二）负极材料

由于价格便宜，各项技术指标较为均衡，石墨材料成为我国锂离子电池负极材料的首选。近两年我国出产的锂离子电池的负极材料几乎都是石墨，并且其中人造石墨占比更是达到了八成。

有时也用硅做电池负极材料。采用硅材料做负极，尽管会显著提升电池能量密度，但是也带来电池循环性能降低等一系列副作用，导致电池寿命缩短。而特斯拉采取的方案是，逐步在石墨负极中添加少量的硅，在能量密度和循环寿命中寻找平衡点。特斯拉对电池负极材料进行优化改进，在普通石墨负极中加入10%的硅材料，从而提升电池整体能量密度。

## （三）隔膜

对于锂电池系列，由于电解液为有机溶剂体系，因而需要有耐有机溶剂的隔膜材料，一般采用高强度薄膜化的聚烯烃多孔膜。

隔膜的制作分湿法技术和干法技术两种。湿法技术（Wet）主要用于聚乙烯（PE）隔膜的制造。由于工艺中需要使用石蜡油与PE混合占位造孔，在拉伸工艺后需要用溶剂萃取移除，所以该工艺称为湿法。干法技术（Dry）主要用于聚丙烯（PP）隔膜的制造。锂电池湿法隔膜轻薄、不易撕裂，但PE熔点为135 ℃，安全性低于干法隔膜，加之原材料及生产流程不同，综合成本高于干法隔膜；

干法隔膜产品熔点高，耐热性、耐高压性及抗氧化性更好，但相对于湿法隔膜较厚，且容易纵向撕裂，对制造工艺要求较高。

隔膜是锂电池材料中技术水平要求最高的环节，其性能的优劣对锂电池的轻量化和安全性至关重要。湿法隔膜比干法隔膜在力学性能、透气性能和理化性能方面均具有一定优势，涂覆后可以大幅提升湿法隔膜的热稳定性，总体来说湿法涂覆隔膜较干法隔膜具有明显的性能优势。高端消费电池大多使用湿法隔膜，随着动力电池对能量密度要求的提升，尤其是三元电池的广泛应用，湿法隔膜在动力电池的使用率也将逐步提升。

### （四）电解液

电解液一般由高纯度的有机溶剂、电解质锂盐（溶质）、必要的添加剂等原料，在一定条件下按一定比例配制而成。

#### 1. 溶质材料

六氟磷酸锂（$LiPF_6$）因有非常高的电导率、稳定性和电池充电放电率，且其他各项性能较均衡以及无毒无污染，成为使用最广的溶质材料。

#### 2. 溶剂材料

锂离子电池电解液中常用的溶剂有碳酸乙烯酯（EC）、碳酸二乙酯（DEC）、碳酸二甲酯（DMC）、碳酸甲乙酯（EMC）等。锂离子电池电解液有机溶剂在使用前必须严格控制质量，如要求纯度在 99.9% 以上，水分含量必须达到 10~6 ppm 以下。

#### 3. 添加剂

添加剂是向电解质中掺入少量物质，以快速改变电解液的物理和化学性能。添加剂主要包括成膜添加剂、导电添加剂、阻燃添加剂、过充保护添加剂、控制电解液中水和 HF 含量的添加剂、改善低温性能的添加剂、多功能型添加剂等七种。

# 第二节　动力电池的分类

电动汽车动力电池的主要类型有锂离子电池、镍氢电池、燃料电池、铅酸电池和钠硫电池，目前大多数电动汽车采用锂离子电池。

## 一、锂离子电池

锂离子电池是 20 世纪开发成功的新型高能电池。这种电池的负极是金属锂或锂合金，正极采用 $MnO_2$、$SOCl_2$、（CF）$_n$ 等，电解质使用非水溶液，于 20 世纪 70 年代进入实用化。目前市场上热门的电动汽车用的动力电池绝大部分是锂离子电池。

锂离子电池性能比较高，电池能量密度大，平均输出电压高，自放电小，没有记忆效应，工作温度范围为 $-20℃ \sim +60℃$，循环性能优越，可快速充放电（充电效率高达 100%），而且输出功率大，使用寿命长，没有环境污染，被称为绿色电池；但其价格高，且高温下安全性能差。随着锂离子电池的正负极材料不断开发，技术不断成熟，锂离子电池将在电动汽车时代发挥主导作用。

### （一）电池属性分类

锂离子电池通常分两大类：

**1. 锂金属电池**

锂金属电池一般是指运用二氧化锰为正极材料、金属锂或其合金金属为负极资料、非水电解液的电池。

**2. 锂离子电池**

锂离子电池一般是指运用锂合金金属氧化物为正极材料、石墨为负极材料、非水电解液的电池。

尽管锂金属电池的能量密度高，理论上能达到 3860 W/kg，可是由于其性质不稳定且不能充电，无法作为重复运用的动力锂电池。而锂离子电池由于具有可重复充电性，被作为重要的动力锂电池发展。但由于其合作不同的元素，组成的正极材料在各方面功能差异很大，导致业界对正极材料方向有很大歧义。

通常我们说得最多的动力锂电池主要有磷酸铁锂离子电池、锰酸锂离子电池、钴酸锂离子电池以及三元锂离子电池（三元镍钴锰）。

## （二）电池用途分类

电池根据用处分为两大类：

### 1. 数码电池

我们日常用的手机、平板、移动电源等，所用的电池都归于数码类电池。

### 2. 动力电池

比亚迪、特斯拉等一些电动汽车，以及无人机等产品用的电池，要求的瞬间电流很大，而数码类电池远远满足不了，这类电池被称作动力电池，也叫高倍率电池。

## （三）几种常用锂电池

### 1. 钴酸锂电池

钴酸锂电池结构稳定，比容量高，综合性能突出，但是其安全性差，且成本非常高，主要用于中小型号电芯，广泛应用于笔记本电脑、手机、MP3/4 等小型电子设备中，标称电压 3.7 V。

（1）钴酸锂电池的优点

①结构稳定；②容量比高；③工艺性能优良；④单位体积能量密度大。

（2）钴酸锂电池的缺点

①安全性差；②成本高；③循环寿命一般，材料稳定性不太好。

在汽车上使用 18650 钴酸锂电池，特斯拉算第一个。与磷酸铁锂电池相比，这种电池虽然技术较为成熟，功率高，能量密度大，且一致性较高，但安全系数较低，热特性和电特性较差，成本也相对较高。

### 2. 锰酸锂电池

锰酸锂电池是指正极使用锰酸锂材料的电池，锰酸锂电池标称电压在

2.5~4.2V，锰酸锂电池以成本低、安全性好而被广泛使用。

锰酸锂是比较有前景的锂离子正极材料之一，相比钴酸锂等传统正极材料，锰酸锂具有材料资源丰富、成本低、无污染、安全性好、倍率性能好等优点，是理想的动力锂电池正极材料，但其较差的循环性能及电化学稳定性却大大限制了其产业化发展。

锰酸锂电池材料本身并不太稳定，容易分解产生气体，因此多与其他材料混合使用以降低电芯成本，但其循环寿命衰减较快，容易发生鼓胀，高温性能较差，寿命相对较短，主要用于大中型号电芯。

**3. 磷酸铁锂电池**

磷酸铁锂电池是指用磷酸铁锂作为正极材料的锂离子电池。其标称电压为 3.2 V，充电终止电压为 3.6 V，放电终止电压为 2.0 V。

磷酸铁锂电池具有安全性高、成本低等优点，在电化学储能领域和商用车领域应用较多，同时随着系统结构的优化，磷酸铁锂电池越来越多地应用于中端乘用车。

（1）磷酸铁锂电池成为动力电池市场主流

2021 年以前，三元电池因能量密度高等优势，在动力电池市场占据了绝对的优势，2019 年 6 月份，中国三元电池装车量占了总装车量的 70% 以上，而磷酸铁锂电池只有仅仅 27% 的份额。2022 年 8 月，中国磷酸铁锂电池装车量已经占据总装车量的 62%，而三元电池份额降低到了 38%。专家认为其主要原因是：①大电芯设计方案和系统结构的优化将磷酸铁锂电池的能量密度有效提高，使装备磷酸铁锂电池的新能源车续航能够达到 500 千米以上，基本满足城市通勤和短途旅行的需求；②当新能源车续航里程达到 500 千米左右时，大家更关注的是电池的安全性能而不是续航里程更极限的提升，而磷酸铁锂电池较三元电池拥有更好的安全性能。

（2）电动汽车渗透率进一步提升需要电池技术的持续迭代

随着国家政策的支持和电动汽车产品力的不断提升，中国的电动汽车渗透率已经由 2017 年年初的 0.91% 提升到了 2022 年 8 月的 27.95%。其渗透率进一步提升的驱动力主要来源于电池技术的持续进步，然而随着设计上的持续优化，磷酸铁锂作为当前最受欢迎的电池正极材料，其比容量基本已经到达了材料极限，电芯和系统的设计优化也已经逐步接近极限。因此，在比容量一定的情况下，如果磷酸铁锂电池需要在保持现有安全性的前提下进行能量密度的进一步提升，则需要从提升材料的电压平台的方向着手。

**4. 三元锂电池**

三元锂电池具有容量高、成本低、安全性好等优点，在小型锂离子电池市场中逐步占据一定的份额，并在动力锂离子电池领域具有良好的发展前景。

三元锂电池是指正极材料使用镍钴锰酸锂〔$Li(NiCoMn)O_2$〕三元正极材料的锂电池，是最近几年发展起来的新型锂电池。三元锂电池正极以镍盐、钴盐、锰盐为原料，综合了钴酸锂、镍酸锂和锰酸锂三类材料的优点，存在三元协同效应，里面镍、钴、锰的比例可以根据实际需要调整。以三元材料做正极的电池比钴酸锂电池安全性高，同时在循环稳定性、热稳定性和安全性上也有提高。在新能源汽车对动力电池能量密度高要求的背景下，三元材料作为高容量密度正极材料有望进一步拓展其市场份额。三元材料具有价格优势，成为最具潜力的替代钴酸锂的正极材料。

（1）在电动汽车领域中的应用

在行业"里程焦虑""续航焦虑"背景下，长续航成为新能源汽车行业集中攻坚的头号任务。当前解决这一问题主要有两种技术路线，即三元锂电池和磷酸铁锂电池。三元锂电池能量密度高，目前应用最广，但其造价高，若能在安全性上实现突破，未来仍将占据市场主流。

（2）发展历程

2022 年上半年，我国动力电池装车量 110.1 吉瓦时，同比增长 109.8%。其中三元锂电池装车量占比 41.4%，同比增长 51.2%。

## 二、镍氢电池

目前在电动汽车上使用的镍基蓄电池主要有镍镉（Ni–Cd）蓄电池、镍锌（Ni–Zn）蓄电池和镍氢（Ni–MH）蓄电池等。镍镉蓄电池，比能量能够达到55 Wh/kg，比功率能够达到200 W/kg，循环寿命可达到2000次，而且可以快速充电，虽说其价格为铅酸蓄电池的4~5倍，但由于在比能量和使用寿命方面的优势，长期的使用成本反而比铅酸蓄电池低。不过镍镉蓄电池含有重金属镉，在使用中如不注意回收的话，会造成环境污染，目前已被许多发达国家限制发展和使用。

镍氢蓄电池是一种绿色镍金属电池，它的正负极分别为镍氢氧化物和储氢合金材料，不存在重金属污染问题，且其在工作过程中不会出现电解液增减现象，使蓄电池可以实现密封设计。镍氢蓄电池在比能量、比功率及循环寿命等方面都比镍镉蓄电池有所提高，使用镍氢蓄电池的电动汽车一次充电后的续驶里程曾经达到过600千米。目前镍氢蓄电池在欧美已实现了批量生产和使用。就工作原理和特点而言，镍氢蓄电池是适合电动汽车使用的，已被列为近期和中期电动汽车首选动力电池。

### （一）镍氢电池的基本原理

镍氢电池正极的活性物质为NiOOH（放电时）和Ni（OH）$_2$（充电时），负极的活性物质为H$_2$（放电时）和H$_2$（充电时），电解液采用30%的氢氧化钾溶液。

充电时的电化学反应如下：

正极：Ni（OH）$_2$+OH$^-$ → NiOOH+H$_2$O+e$^-$

负极：M+H$_2$O+e$^-$ → MH+OH$^-$

总反应：M+Ni（OH）$_2$ → MH+NiOOH

放电时的电化学方程式如下：

正极：NiOOH+H$_2$O+e$^-$ → Ni（OH）$_2$+OH$^-$

负极：MH+OH$^-$ → M+H$_2$O+e$^-$

总反应：$MH+NiOOH \rightarrow M+Ni(OH)_2$

从方程式看出：充电时，负极析出氢气，储存在容器中，正极由氢氧化亚镍变成氢氧化镍（NiOOH）和 $H_2O$；放电时，氢气在负极上被消耗掉，正极由氢氧化镍变成氢氧化亚镍。

### （二）镍氢电池的优缺点

#### 1.镍氢电池的优点

（1）功率性能好

镍氢电池内部使用了大量的金属材料，导电性能良好，可以适应大功率放电，目前比功率可达到 1500 W/kg 以上。

（2）低温性能好

镍氢采用的是无机电解液体系，低温性能较锂系列电池要好。

（3）管理系统相对简单

镍氢电池耐过充电和过放电能力比较强，无须监测到每只单体电池的电压。电池在充电过程中可以通过消耗气体（氧气）的副反应来实现自均衡，无须采用特别的均衡电路。

（4）循环寿命高

镍氢电池无污染，无记忆效应，循环寿命长，具有较高的回收价值。

（5）应用成熟

目前商业化的混合电动如丰田的 Prius、本田的 Insight 混合电动汽车使用的均为镍氢电池。

#### 2.镍氢电池的缺点

（1）电池的热效应

镍氢电池在电动汽车应用中遇到的重要问题为热问题。其重要原因有两个，一是镍氢电池本身的充电反应是一个放热反应，充电过程中出现的热量达到 949 J/（Ah）；二是充电效率低，镍氢电池即使在空态下，充电效率也达不到 100%，充电量超过 80% 后，副反应速度很快新增，产热速度迅速上升，并且其充电电

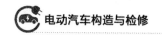

流越大，充电效率就越低，出现的热量就越多。

（2）电池比能量较低

镍氢电池的比能量一般在 50~70 Wh/kg，虽然是铅酸电池的 2~3 倍，但与锂系列电池相比较，差距较大。

（3）标称电压低

镍氢电池的标称电压为 1.2 V，标准电压低，要组合成数百伏的车用动力电源系统，就需要更多的电池串联，这对电池的一致性、可靠性要求更高。

（4）高温充电性能差

镍氢电池高温下充电效率会降低，反应效率的降低又推动电池温度的进一步升高，最终可能会导致热失控而出现安全问题。

（5）自放电大

在常用的铅酸、镍氢、锂系列动力锂电池当中，镍氢电池的自放电是比较大的。一般充满电常温搁置 28 天自放电可达到 10%~30%。

（6）材料成本高

镍氢电池中使用了大量较贵重的金属如镍、钴等，电池原材料成本比较高。

镍氢电池还存在价格高、均匀性较差（特别是在高速率、深放电下蓄电池之间的容量和电压差较大）、自放电率较高、性能水平和现实要求有差距等问题，这些问题都影响着镍氢蓄电池在电动汽车上的广泛使用。

## （三）镍氢电池的使用

### 1. 充电时留意周围排热情况

在镍氢电池充电时，要留意充电器周边的排热情况。不使用的情况下要保持良好电池清洁，尤其是两头的接触点，必要时使用柔软的干抹布轻擦。较长时间不使用的话，要把电池从电池仓中取出，放置于干燥的环境中。

### 2. 测电压看是否将电池充满电

镍氢电池在储存几个月后，会步入"休眠模式"状态，此时直接使用会大幅度降低电池寿命。假如镍氢电池已经置放了很较长时间，建议先用慢充完成充电为宜。通常镍氢电池在充电前，电压是在 1.2 V 以下，充满后正常电压在 1.4 V 左右，可由此来判断电池是否充满。

### 3. 刚买回来的镍氢电池须反复充电后进行使用

通常状况下，新的镍氢电池仅有非常少的电池电量，购买后要先完成充电，然后再使用。但假如电池出厂时间短，电池电量满，则建议先使用再充电。新的镍氢电池通常要经过 3~4 次的充电和使用，性能才能发挥到最好状态。

## 三、铅酸蓄电池

### （一）铅酸蓄电池的分类

铅蓄电池又可分为干荷电式蓄电池、湿荷电式蓄电池、免维护蓄电池、胶体型蓄电池等。湿荷电式蓄电池是普通型蓄电池的升级产品，蓄电池极板为荷电状态，内部有少量电解液，使用时加足电解液，不需要像普通蓄电池那样有初充电；干荷电式蓄电池内部无电解液，极板是干燥的且处于荷电状态，无须初充电，加电解液即可使用；免维护型蓄电池，除具有干荷电式蓄电池的优点外，在电动汽车上合理使用的过程中，不需要添加蒸馏水维护；胶体型蓄电池电解液为胶质型，用于特定的场合。

### （二）铅酸蓄电池的特点

（1）单格电压高。汽车用铅酸蓄电池单格额定电压可达 2.0 V，开路电压 2.1 V，工作电压 1.8~2.0 V。

（2）比功率和功率密度大，内阻小，长时间可输出大电流。

（3）性能可靠，充放电可逆性好。

（4）循环次数多，寿命长。

（5）结构简单，价格低廉。

### （三）铅酸蓄电池的使用

免维护的铅酸蓄电池在使用时一定要保证其良好的使用状态，时刻注意其电解液高度、密度和电池的容量；免维护蓄电池虽说不用添加电解液和蒸馏水，

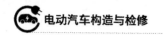
但长时间在车上进行定压充电，会导致充电不足、极板硫化等故障，所以也应该定期进行维护。

（1）经常清除蓄电池表面的灰尘污物，电解液溅到蓄电池表面时，应用抹布蘸10%浓度的苏打水或碱水擦净，电极桩和电线夹头上出现氧化物时应及时清除。

（2）经常疏通加液孔盖上的通气孔。

（3）定期检查和调整电解液的相对密度和液面高度。

（3）停驶车辆的蓄电池，使用前应进行补充充电。

（4）常用车辆的蓄电池，放电程度冬季达25%、夏季达50%时应进行补充充电。

拆卸蓄电池电缆时，应先拆下蓄电池负极，再拆下蓄电池正极；安装蓄电池电缆时，应先安装蓄电池正极，再安装蓄电池负极，以免拆卸过程中造成蓄电池断路。

### （四）铅酸蓄电池的储存

#### 1. 短期储存

蓄电池短期存放时，应将蓄电池充足电，液面调整到正常高度，密封加液盖的通气孔，然后将蓄电池放置在阴凉的室内，存放时间不宜超过6个月。

#### 2. 长期储存

需要长期储存的蓄电池，应将蓄电池以20 h的放电率完全放电，倒出电解液，用蒸馏水多次清洗直至水中无酸性，将水全部倒出、晾干、旋紧加液盖、密封通气孔后储存。

### （五）铅酸蓄电池的检修

#### 1. 铅酸蓄电池壳体破裂

（1）现象

电解液液面高度非正常原因过低，蓄电池底部潮湿。

（2）原因

①铅酸蓄电池固定时紧固不当。

②汽车行驶时剧烈震动使铅酸蓄电池剧烈震动和撞击。

③铅酸蓄电池遭到严重的撞击。

④电解液密度过低，寒冷冬季使铅酸蓄电池结冰胀裂。

⑤铅酸蓄电池极柱受到外力冲击过大，与壳体交接处破裂。

（3）排除方法

仔细查看破裂部位，若不能使用则报废。

## 2. 铅酸蓄电池极柱腐蚀、松动

（1）现象

铅酸蓄电池极柱表面有腐蚀污物，极柱周围有电解液渗出。

（2）原因

①铅酸蓄电池加电解液操作不当，电解液落在极柱上。

②铅酸蓄电池加液盖松动，电解液渗出。

③铅酸蓄电池电线卡子与极柱固定不牢靠。

（3）排除方法

去除污物，先用5%的碱溶液清洁，再用清水擦洗干净，后涂上凡士林油。

## 3. 铅酸蓄电池极板硫化

（1）现象

铅酸蓄电池极板上生成白色粗晶粒硫酸铅的现象称为"硫酸铅硬化"，简称"硫化"。这种粗晶粒硫酸铅导电性很差，而且正常充电时很难还原为二氧化铅和海绵状铅。

（2）原因

①铅酸蓄电池长期充电不足或放电后不及时充电，极板上的硫酸铅再次结晶形成更大晶粒的硫酸铅，附着在极板表面而形成硫化。

②铅酸蓄电池液面过低，使露出液面部分的极板会逐渐形成粗晶粒硫酸铅硬化层而硫化。

③铅酸蓄电池电解液密度过高、电液不纯和气温变化剧烈等外部原因。

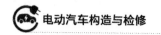

（3）排除方法

轻微的硫化现象可以用去硫化充电处理，严重硫化的蓄电池只能更换。铅酸蓄电池避免硫化的措施是保持蓄电池经常处于充足电的状态。

**4. 铅酸蓄电池活性物质脱落**

（1）现象

铅酸蓄电池输出容量降低，充电时电解液浑浊，液体呈棕色。

（2）原因

①铅酸蓄电池充电电流过大。

②铅酸蓄电池过充电时间太长。

③铅酸蓄电池低温时大电流放电。

（3）排除方法

更换铅酸蓄电池。

**5. 铅酸蓄电池自行放电**

（1）现象

铅酸蓄电池在不使用时，电量会随时间的增长而逐渐自行消失。

（2）原因

①结构因素。

②电解液含杂质过多，其中金属微粒与极板之间形成局部电池。

③电解液密度偏高。

（3）排除方法

给铅酸蓄电池补充充电。

## 四、胶体电池

胶体电池属于铅酸蓄电池的一种发展分类，方法是在硫酸中添加胶凝剂，使硫酸电液变为胶态。电液呈胶态的电池通常称为胶体电池。

胶体电池在不断发展，从最初理解的电解质胶凝，进一步发展至电解质基础结构的电化学特性研究，以及在板栅和活性物质中应用推广。其最重要的特点为：放电曲线平直，拐点高，能量和功率要比常规铅酸电池高 20% 以上，寿命一般也是常规铅酸电池的两倍左右，并且耐高温及低温性比常规铅酸电池要好得多。

电动汽车用胶体电池的特点：

（1）失水少：其氧循环设计有利于 $O_2$ 的扩散，析出的 $O_2$ 和较多的负极物质，形成再化合，所以在充放电过程中，气体析出少，即失水少。

（2）搁置时间长：具有良好的抗极板硫酸化及减少板栅腐蚀能力，存放期长。

（3）自放电少：能阻碍阴极还原时生成的水扩散用途和抑制 PbO 自发还原反应，所以自放电少。

（4）低温启动性能好：由于硫酸电解质存在于胶体中，其内阻虽稍大，但在低温时胶体电解质内阻变化不大，故其低温启动性能好。

（5）充电效率高：特殊的充电方式可使活性物充分活化，提高电池容量。

（6）寿命长：胶体电解质比重科学化，不易造成极板硫化，正常使用情况下，循环次数在 550 次以上。

（7）较好的环保性和实用性：由于电解液为固体状态，即使电池在使用中不慎发生外壳破裂，也可以正常使用。

## 四、AGM电池

AGM 指的是蓄电池内隔板的材质，AGM 隔板的材质为玻璃纤维。

AGM 电池大部分应用在带有自动启停系统的汽车上。AGM 电池较传统铅酸蓄电池具有优异的循环性能、充电接收能力、更长的使用期限、更高的容量可靠性、更强的超低温稳定性；由于其酸液 100% 密封，工作中无气体排出，对自然环境的破坏小，并且发生意外时电瓶发生爆炸的隐患也小；低充电状态下比铅酸电池强，使用寿命也比一般铅酸电池高。这种电池适用于装配发动机启停技术和电子系统较多的车辆。

普通车辆也可以用 AGM 电池，因为这种电池低充电状态下也能启动发动

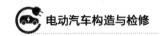 

机，并且使用寿命更长。但是带有启停系统的车辆换电池时，一定要换 AGM 电池，不要把 AGM 电池换成普通铅酸电池，因为那样不仅会影响启停系统正常工作，也会影响车内电子设备正常工作。

AGM 电池最著名的品牌就是瓦尔塔。瓦尔塔的电池在很多高端品牌汽车上都有应用，例如奔驰、宝马、奥迪、沃尔沃等。一些混合动力车型也会使用瓦尔塔的 AGM 电池。

## 五、超级电容

超级电容又名电化学电容、双电层电容器、黄金电容、法拉电容，是从 20 世纪七八十年代发展起来的通过极化电解质来储能的一种电化学元件。

超级电容在充电—放电的整个过程中没有任何化学反应和高速旋转等机械运动，不存在对环境的污染，也没有任何噪声，其结构简单、质量小、体积小，是一种理想的储能器。混合动力汽车和电动汽车在停车时，由外接电源向超级电容充电使电容集聚大量的电荷，然后在电动汽车行驶时放电，向驱动电动机提供电能。超级电容能够实现快速充电，在极短时间内即可完成充电。

超级电容作为电池的替代品，已经不断应用于电动汽车。超级电容器用于回收刹车时的再生能量，在启动和爬坡时快速供应大功率电流。

超级电容是功率型储能器件，高功率、高可靠、环保特性突出。

### （一）高功率特性

超级电容系统功率密度最高可达 40 kW/kg，锂电池在 1~3 kW/kg；EDLC（双电层电容器）充放电时间可达秒级，HUC（混合超级电容器）在分钟级别，锂电池在小时级别。

### （二）高可靠特性

对比锂电池 $-20\,℃ \sim 60\,℃$ 工作温度范围、标称 5000 次左右的循环寿命，超级电容工作温度范围可宽至 $-40\,℃ \sim 85\,℃$，充放电次数最高可达 100 万次。

### （三）环保特性

超级电容不含重金属和有害化学物质，而锂电池无法分解，易对环境产生污染。

由于使用寿命通常都超过了使用其设备的寿命，所以超级电容器终身无须维护，加之使用完过程对环境要求宽松，无污染，因而又称其为绿色能源。

# 第三节　动力电池的结构

## 一、动力电池的性能评价指标

动力电池的性能指标有能量、能量密度、充放电倍率、循环寿命、安全性、一致性、可靠性等多项。动力电池种类不同，其性能指标也有差异。

## 二、动力电池的参数

动力电池的基本参数有：电压、电池容量、能量、功率、电池内阻、寿命（循环次数）、放电速率（放电率）、自放电率等。

### （一）电动势

电池的电动势，又称电池标准电压或理论电压，为电池短路时正负两极间的电位差。电池的电动势可以从电池体系热力学函数自由能的变化计算得出。

### （二）额定电压

额定电压（或公称电压），系指该电化学体系的电池工作时公认的标准电压。例如，锌锰干电池的额定电压为 1.5 V，镍镉电池的额定电压为 1.2 V，铅酸蓄电池的额定电压为 2 V，锂离子电池的额定电压为 3.7 V。

### （三）开路电压

电池的开路电压是指无负荷情况下的电池电压。开路电压不等于电池的电动势。电池的电动势是通过热力学函数计算得到的，而电池的开路电压则是实际测量出来的。

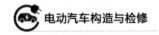

## （四）工作电压

工作电压指电池在某负载下实际的放电电压，通常是指一个电压范围。例如，铅酸蓄电池的工作电压在 2 V~1.8 V；镍氢电池的工作电压在 1.5 V~1.1 V；锂离子电池的工作电压在 3.6 V~2.75 V。

## （五）终止电压

终止电压是指放电终止时的电压值，视负载和使用要求的不同而异。以铅酸蓄电池为例：电动势为 2.1 V，额定电压为 2 V，开路电压接近 2.15 V，工作电压为 2 V~1.8 V，放电终止电压为 1.8 V~1.5 V。

## （六）充电电压

充电电压是指外电路直流电对电池充电的电压。一般的充电电压要大于电池的开路电压，通常在一定的范围内。例如，镍镉电池的充电电压在 1.45 V~1.5 V；锂离子电池的充电电压在 4.1 V~4.2 V；铅酸蓄电池的充电电压在 2.25 V~2.5 V。

## （七）内阻

蓄电池的内阻包括正负极板的电阻、电解液的电阻、隔板的电阻和连接体的电阻等。

### 1. 正负极板电阻

目前普遍使用的铅酸蓄电池正、负极板为涂膏式，由铅锑合金或铅钙合金板栅架和活性物质两部分构成。因此，极板电阻也由板栅电阻和活性物质电阻组成。板栅在活性物质内层，充放电时，不会发生化学变化，所以它的电阻是板栅的固有电阻。活性物质的电阻是随着电池充放电状态的不同而变化的。当电池放电时，极板的活性物质转变为硫酸铅（$PbSO_4$），硫酸铅含量越大，其电阻越大；而电池充电时将硫酸铅还原为铅（Pb），硫酸铅含量越小，其电阻越小。

### 2. 电解液电阻

电解液电阻因其浓度不同而异。在规定的浓度范围内一旦选定某一浓度后，电解液电阻将随充放电程度而变。电池充电时，在极板活性物质还原的同时电解液浓度增加，其电阻下降；电池放电时，在极板活性物质硫酸化的同时电解液浓度下降，其电阻增加。

### 3. 隔板电阻

隔板电阻因其孔率而异。新电池的隔板电阻趋于一个固定值，但随着电池运行时间的延长，电阻有所增加。因为电池在运行过程中有些铅渣和其他沉积物会附着在隔板上，使得隔板孔率有所下降而增加电阻。

### 4. 连接体电阻

连接体包括单体电池串联时连接条等金属的固有电阻，电池极板间的连接电阻，以及正、负极板组成极群的连接体的金属电阻，若焊接和连接接触良好，连接体电阻可视为一固定电阻。

## （八）容量

电池的容量单位为库仑（C）或安时（Ah）。表征电池容量特性的专用术语有三个：

### 1. 理论容量

系指根据参加电化学反应的活性物质电化学当量数计算得到的电量。通常，理论上 1 电化当量物质将放出 1 法拉第电量，即 96500C 或 26.8Ah（1 电化当量物质的量，等于活性物质的原子量或分子量除以反应的电子数）。

### 2. 额定容量

系指在设计和生产电池时，规定或保证在指定放电条件下电池应该放出的最低限度的电量。

### 3. 实际容量

系指在一定的放电条件下，即在一定的放电电流和温度下，电池在终止电压前所能放出的电量。电池的实际容量通常比额定容量大 10%~20%。

电池容量的大小，与正、负极上活性物质的数量和活性强度有关，也与电池的结构和制造工艺以及电池的放电条件（电流、温度）有关。影响电池容量

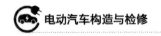

因素的综合指标是活性物质的利用率。换言之，活性物质利用得越充分，电池给出的容量也就越高。

### （九）比能量和比功率

电池的输出能量是指在一定的放电条件下，电池所能做出的电功，它等于电池的放电容量和电池平均工作电压的乘积，其单位常用瓦时（Wh）表示。

电池的比能量有两种，一种叫重量比能量，用瓦时／千克（Wh/kg）表示；另一种叫体积比能量，用瓦时／升（Wh/L）表示。比能量的物理意义是电池为单位重量或单位体积时所具有的有效电能量。它是比较电池性能优劣的重要指标。

必须指出，单体电池和电池组的比能量是不一样的。由于电池组合时总要有连接条、外部容器和内包装层等，故电池组的比能量总是小于单体电池的比能量。

电池的功率是指在一定的放电条件下，电池在单位时间内所能输出的能量。单位是瓦（W），或千瓦（kW）。电池的单位重量或单位体积的功率称为电池的比功率，它的单位是瓦／千克（W/kg）或瓦／升（W/L）。如果一个电池的比功率较大，则表明在单位时间内，单位重量或单位体积中给出的能量较多，即表示此电池能用较大的电流放电。因此，电池的比功率也是评价电池性能优劣的重要指标之一。

### （十）贮存性能和自放电

电池经过干贮存（不带电解液）或湿贮存（带电解液）一定时间后，其容量会自行降低，这个现象称自放电。所谓"贮存性能"是指电池开路时，在一定的条件下（如温度、湿度）贮存一定时间后自放电的大小。

电池在贮存期间，虽然没有放出电能量，但是在电池内部总是存在着自放电现象。即使是干贮存，也会由于密封不严，进入水分、空气及二氧化碳等物质，使处于热力学不稳定状态的部分正极和负极活性物质构成微电池腐蚀机理，自行发生氧化还原反应而白白消耗掉。如果是湿贮存，更是如此。长期处在电解液中的活性物质也是不稳定的。负极活性物质大多是活泼金属，都会发生阳极自溶。酸性溶液中，负极金属是不稳定的，在碱性溶液及中性溶液中也非十分稳定。

### （十一）寿命

电池的寿命有"干贮存寿命"和"湿贮存寿命"两个概念。必须指出，这两个概念仅是针对电池自放电大小而言的，并非电池的实际使用期限。电池的真正寿命是指电池实际使用的时间长短。

对一次电池而言，电池的寿命是表征给出额定容量的工作时间（与放电倍率大小有关）。

对二次电池而言，电池的寿命分充放电循环寿命和湿搁置使用寿命两种。

充放电循环寿命，是衡量二次电池性能的一个重要参数。经受一次充电和放电，称为一次循环（或一个周期）。在一定的充放电制度下，电池容量降至某一规定值之前，电池能耐受的充放电次数，称为二次电池的充放电循环寿命。充放电循环寿命越长，电池的性能越好。在目前常用的二次电池中，镉镍电池的充放电循环寿命为 500~800 次，铅酸电池为 200~500 次，锂离子电池为 600~1000 次，锌银电池约为 100 次。

二次电池的充放电循环寿命与放电深度、温度、充放电制式等条件有关。所谓"放电深度"是指电池放出的容量占额定容量的百分数。减少放电深度（即"浅放电"），二次电池的充放电循环寿命可以大大延长。

湿搁置使用寿命，也是衡量二次电池性能的重要参数之一。它是指电池加入电解液后开始进行充放电循环直至充放电循环寿命终止的时间（包括充放电循环过程中电池处丁放电态湿搁置的时间）。湿搁置使用寿命越长，电池性能越好。在目前常用的电池中，镉镍电池湿搁置使用寿命为 2~3 年，铅酸电池为 3~5 年，锂离子电池为 5~8 年，锌银电池只有 1 年左右。

### 三、动力电池的结构

动力电池主要分为电池包、模组、电芯三部分。

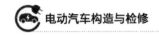

电池包作为电动汽车当中最核心的零部件和动力来源，不仅自重大，而且结构比较复杂，由多个电芯、模组构成，每个模组又由几个到十几个不等的电芯组成。

## （一）电池包

电池包一般是由电池模组、热管理系统、电池管理系统（BMS）、电气系统及结构件组成。

## （二）模组

电池模组可以理解为锂离子电芯经串并联方式组合，加装单体电池监控与管理装置后形成的电芯与电池包的中间产品。其结构必须对电芯起到支撑、固定和保护作用。其基本组成包括：模组控制（常说的 BMS 从板）、电池单体、导电连接件、塑料框架、冷板、冷却管道、两端的压板以及一套将这些构件组合到一起的紧固件。其中两端的压板除了起到聚拢单体电芯，提供一定压力的作用以外，往往还将模组在电池包中的固定结构设计在上面。如图 2-3-1 所示。

图 2-3-1　动力电池模组

模组的设计是为了方便 BMS（电池管理系统）进行电芯管理，提高电池安全性，便于电池维护维修。

## （三）电芯

电芯主要由正极、负极、隔膜和电解液组成，如图 2-3-2。其主要工作原理是靠锂离子在正极和负极之间的迁移实现充电和放电。充电过程需要外界能量，即电网电能，相当于把电网的电能储存在电池中；放电过程可自发完成，这个过程将储存的能量释放出来。

图 2-3-2　电芯

## 四、动力电池的接口

图 2-3-3　电动汽车的充电口

一般在充电口盖板里面有快充和慢充两个端口，很明显，快充的端口要明显比慢充的大一些，而且内部针脚也各不相同，分别是快充的 9 个针孔和慢充的 7 个针孔，如图 2-3-3 所示。

慢充：家用 220 V 16 A 插座（交流充电桩）→充电线→慢充口→车载充电机→动力电池。家用电是 220 V 交流电，而动力电池内部储存的是高压直流电，所以就需要有一个电能转化的过程，这个工作就由车载充电机来完成，也就是将低压交流电通过升压整流，变成规定的高压直流电储存到电池包里。

快充：快充桩→充电线→快充口→动力电池。快充的充电流程里少了车载充电机，那是因为在商用快速充电桩的内部，已经将电能转换成了车辆所需要的高压直流电，所以就不需要再经过车载充电机了，接触器吸合后电能直接存储在电池包里。

快充时充电桩输出的是高压电，电压高达 300 V 以上，为了安全起见，车辆和充电桩如果没有充分地确认是否达到充电条件时，是不会输出电流的。所以，在充电开始之前充电桩和车辆有个互相通信确认的过程。当我们知道了有个通信的过程后，就很容易理解车辆上的充电端口。

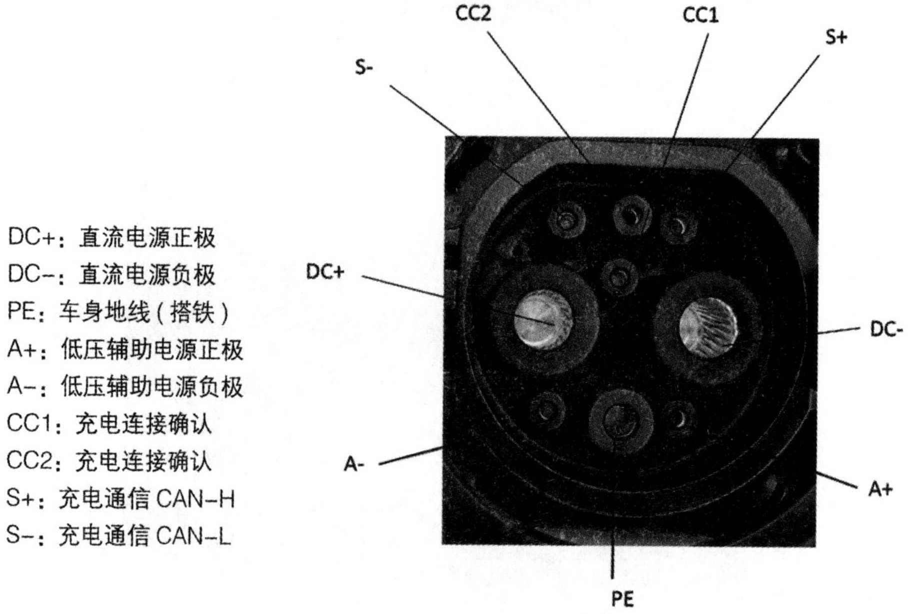

DC+：直流电源正极
DC−：直流电源负极
PE：车身地线（搭铁）
A+：低压辅助电源正极
A−：低压辅助电源负极
CC1：充电连接确认
CC2：充电连接确认
S+：充电通信 CAN−H
S−：充电通信 CAN−L

图 2-3-4　电动汽车快充口

通过图 2-3-4 可以看出，快充口有 9 个针脚，分别是：DC− 直流电源负极、DC+ 直流电源正极、PE 车身接地线、A− 低压辅助电源负极、A+ 低压辅助电源正极、CC1 充电连接确认、CC2 充电连接确认、S+ 充电通信 CAN−H、S− 充电通信 CAN−L。

当我们插上快充枪后，车辆端口 CC1、CC2 针脚确认充电枪和充电端口是否连接到位，其中 CC1 是充电桩的连接确认线，CC2 是车辆的连接确认线。当桩和车都确认连接好以后，由充电桩输出 12 V 辅助电压，通过 A+ 和 A– 端口唤醒车辆 VCU（车辆电控系统）。商用充电桩可以和各种品牌不同续航里程的车充电，这些车辆中动力电池电压是不同的，所以就需要充电桩和车辆进行数据匹配。当车辆唤醒以后，就要通过 S+ 和 S– 针脚进行通信，由充电桩向车辆 BMS（电池管理系统）、VCU（电控系统）等系统发出车辆识别信息，从而得知车辆是用什么电池，需要多少伏电压，输出电流控制在多少范围内等信息。当各项信息参数确认无误后，电控系统内部的快充继电器吸合，电流就会通过 DC+ 和 DC– 端口输入到动力电池。

# 第四节　动力电池管理系统

BMS 英文全称 Battery Management System，中文名称动力电池管理系统，是通过对电压、电流、温度以及 SOC 等参数采集、计算，进而控制电池的充放电过程，实现对电池的保护，提升电池综合性能的管理系统，它是连接车载动力电池和电动汽车的重要纽带。

## 一、电池管理系统的功能

电池管理系统具有以下的功能：状态监测、状态分析、安全保护、能量控制、信息管理。

### （一）电池状态监测

电池状态监测一般是指对电压、电流、温度等参数的监测。对温度的监测不仅仅针对电芯，还包括电池环境、热管理系统。电池状态监测是电池管理系统最基本的功能，是各项功能的前提与基础。

### （二）电池状态分析

电池状态分析包括电池的剩余电量评估及电池老化评估，也就是 SOC（State of Charge）和 SOH（State of Health）。

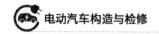 

### 1. 剩余电量评估（SOC）

电动汽车的剩余电量相当于传统汽车的剩余油量。SOC 状态常常用百分比表示，为了让驾驶员易于理解，系统常常会根据算法评估出对应的剩余时间或剩余里程，但是这些估算值都有一定的误差。SOC 评估是电池管理系统的一项重要功能，也是最具挑战性的功能。

### 2. 老化程度评估（SOH）

目前行业内主要依据两项指标来评估电池的老化程度：电池容量与直流内阻。关于电动汽车电池的使用寿命，国家规定在使用 8 年 /12 万公里后，电池容量不得低于初始容量 80% 的标准。除了国家标准外，各电动汽车厂家也有对自家电池使用寿命的规定。

SOH 状态与动力电池使用过程中的工作温度、充放电电流、循环次数以及工作时间有关，需要在使用过程中不断进行评估和更新，确保驾驶员获得更为准确的信息。

## （三）电池安全保护

电池安全保护是电动汽车管理系统最重要的功能。状态监测和状态分析这两项功能是电池安全保护功能的前提，安全保护主要包括三项：过流保护、过充过放保护和过温保护。

### 1. 过流保护

在充放电过充中，如果工作电流超过了安全值，则应该采取相应的安全保护措施。不同厂家、不同型号的动力电池所支持的过载电流倍率、过载持续时间是不同的。例如，某型号的动力电池支持不超过一分钟的 3C 过载电流。

### 2. 过充过放保护

过充保护是在 SOC 为 100% 时，为了防止继续对电池充电造成电池损坏，而采取的保护措施。

过放保护是在 SOC 为 0% 时，为了防止继续对电池放电造成电池损坏，而采取的保护措施。在实际情况下，电池剩余电量不足（例如小于 5%）时，就会对驾驶员发出警告，提示电量不足，同时也会减小电池的放电电流。在实际控制过程中，过充过放保护可以设定充、放电的截止保护电压，当检测到电池电压超出截止电压范围时，及时切断电流来保护电池。

### 3. 过温保护

动力电池使用过程中不断进行着化学反应，在高温下化学反应难以控制，容易出现安全事故。由于温度的变化需要一个过程，数据的采集也存在一定时滞，因此，温度保护需要考虑一些提前量。当检测到环境温度或者电池箱温度过高，接近最高工作阈值时，就要及时采取相应的保护措施。或者，当某个电池单体的温度突然快速上升，虽然没有达到最高工作阈值，但是仍需要采取一定的保护措施。

## （四）能量控制管理

### 1. 电池充电控制管理

充电管理系统是在充电过程中对充电电压、充电电流等参数进行实时的优化控制，优化的目标包括充电时长、充电效率以及充电的饱满程度等。

### 2. 电池放电控制管理

放电管理系统是在放电过程中根据电池的状态对放电电流进行控制。适当地限制电池组的最大放电电流有利于延长车辆的续航里程和使用寿命。

制动能力回收也是能量控制管理的重要内容之一，在混动车型中，需要将电池电量维持在 30%~80% 之间，为制动能力回收提供足够的电池容量。

### 3. 电池均衡控制管理

电芯在生产以及使用过程中出现的不一致性，导致电池组内电芯之间的 SOC 不同。在电池组中有一个电芯出现过压或者欠压都将使得电池进行自我保护，因此通过电池均衡管理系统减小电芯与电芯之间的 SOC 差异非常重要。电芯均衡策略也包括两种：被动均衡和主动均衡。

## （五）电池信息管理

电动汽车每时每刻都在产生大量的数据，有些数据需要通过仪表告知驾驶员，有些需要通过通信网络传输到车辆其他控制器或者云端，还有一部分作为历史数据保存在电池管理系统内部。

### 1. 信息显示

仪表中显示三大部分信息：

（1）测量信息：电压、电流以及温度。

（2）电池剩余电量（SOC）。

（3）告警信息：当电池组存在安全问题时，及时通过仪表告知驾驶员。

### 2. 信息交互

电池管理系统需要将电池的状态及时传输给整车控制器与电机控制器：

（1）测量信息：电压、电流以及温度。

（2）电池剩余电量（SOC）。

（3）电池老化程度（SOH）。

（4）电池可用功率（SOP）。

（5）电池当前工作状态。

（6）告警信息。

目前，随着云技术的发展，长时间尺度的部分电池管理功能转移到了云端，并可以将部分电池信息传输到云端服务器上。云技术的发展也为报废电池的分级处理提供技术条件。

### 3. 信息存储

信息存储包括两种方式：临时存储和永久存储。临时存储利用 RAM，暂时保存电池信息，比如短暂记录上一时序的状态信息。而永久存储则利用 EEROM（电可擦式存储器）、Flash Memory（快闪存储器）等硬件，可保存时间跨度较大的历史信息。信息存储的主要作用包括以下三点：

（1）信息缓冲，提高分析估算的精度。

（2）电池状态分析。

（3）故障分析与排除。

## 二、动力电池的冷却系统

动力电池作为电动汽车的动力来源，其充放电的热量会一直存在。动力电池的性能与电池温度密切相关。下面我们一起看看电动汽车动力电池的冷却系统。

### （一）空调循环冷却式

在高端电动汽车中，动力电池内部有一个制冷剂循环回路与空调制冷系统相连。动力电池单元由防冻液直接冷却，防冻液循环回路和制冷剂循环回路由防冻液制冷剂换热器（即冷却单元）连接。因此，空调制冷系统的制冷剂循环回路由两条并联支路组成。一个用于冷却车内空间，另一个用于冷却动力电池单元。

电动防冻泵通过防冻液循环回路输送防冻液。只要防冻液的温度低于电池模块的温度，就只能通过循环防冻液来冷却电池模块。防冻液温度升高，不足以将电池模块的温度保持在预期范围内时，需要降低防冻液的温度，这就要用到防冻液制冷剂热交换器（即冷却单元）。它是动力电池防冻循环回路与空调制冷系统制冷剂循环回路之间的接口。

如果冷却装置上的膨胀和关闭组合阀被电动启动并打开，液态制冷剂将进入冷却装置并蒸发，可以吸收周围空气体的热量，所以它也是流经防冻液循环回路的防冻液。电动空调压缩机（EKK）压缩制冷剂并将其输送至电容器，在电容器中制冷剂再次变成液体。因此，制冷剂可以进一步吸收热量。

为了确保防冻液通道排出电池模块的热量，冷却通道的整个平面必须以均匀分布的力压在电池模块上。这个压力由嵌入防冻液通道的弹簧杆作用。根据电池模块和外壳下半部分的几何形状，弹簧杆会相应调整。

热交换器的弹簧杆支撑在高压蓄电池单元外壳的下部，因此防冻液通道被压到蓄电池模块上。

动力电池单元防冻液循环回路中电动防冻液泵的额定功率为 50 W。电动防冻泵通过冷却单元上的支架固定，该支架安装在动力电池的右后角。

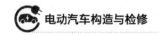

## （二）水冷的冷却方式

水冷动力电池冷却系统利用专用的防冻液在动力电池内部的防冻液管道中流动，将动力电池产生的热量传递给防冻液，这样会降低动力电池的温度。下面以荣威 E50 电动车为例，介绍其动力水冷冷却系统。

荣威 E50 冷却系统包括两个独立的系统，即逆变器（PEB）/ 驱动电机冷却系统和高压电池组冷却系统（ESS）。

荣威 E50 动力电池冷却系统一般由膨胀水箱、软管、冷却水泵和电池冷却器组成。

借助热传导原理，冷却系统通过在每个独立的冷却系统回路中循环防冻液，使驱动电机、逆变器（PEB）和动力电池组保持在最佳工作温度。防冻液是 50% 水和 50% 有机酸技术（OAT）的混合物。防冻液需要定期更换，以保持最佳效率和耐腐蚀性。

### 1. 蒸发器

膨胀罐配有一个减压阀，安装在变频器（PEB）的托盘上。溢流管连接到电池冷却器的出口管，出口管连接到冷却水管的三通。膨胀罐配有刻度标记，便于观察防冻液液位。

### 2. 软管

橡胶防冻软管在部件之间输送防冻液，弹簧夹将软管固定在每个部件上。动力电池冷却系统软管布置在前舱和后地板总成下方。

### 3. 冷却水泵

动力电池冷却系统的防冻液泵穿过安装支架，通过两个螺栓固定在车身底盘上，通过其转动带动高压电池组的冷却系统循环。

### 4. 电池冷却器

电池冷却器是动力电池冷却系统的关键部件，负责将动力电池保持在适中的工作温度，使动力电池的放电性能处于最佳状态。电池冷却器主要由热交换器、带电磁阀的膨胀阀、管道接口和支架组成。热交换器一般用于动力电池防冻液与制冷系统制冷剂之间的热交换，将动力电池防冻液的热量传递给制冷剂。

BMS 负责调节电动水泵。当高压电池组温度升至 32.5℃时，电动水泵将开启，当温度低于 27.5℃时，电动水泵将关闭。BMS 发出信号，要求关闭电池冷却器膨胀阀，并转动水泵。

当动力电池冷却系统收到来自 BMS 传来的膨胀阀电磁阀开启信号时，开始开启电池冷水机组膨胀阀电磁阀，并向 EAC（电动空调压缩机）发送启动信号。高压电池组的最佳温度为 20℃ ~30℃。

正常运行时，当高压电池组的防冻温度高于 30℃时，动力电池冷却系统会限制乘员舱的冷却能力，当防冻温度高于 48℃时，动力电池冷却系统会关闭乘员舱的冷却功能，除霜模式除外。

动力电池冷却系统仅调节防冻液温度，通过防冻液和高压电池组之间的热交换，使动力电池保持在适中的工作温度。

当汽车进入快充模式时，动力电池冷却系统将被网关模块唤醒，高压电池组冷却系统将进入正常工作状态。

# 第三章　驱动电机的认知与检修

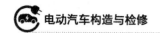

# 第一节　驱动电机概述

驱动电机系统是电动汽车核心系统之一，其性能决定了电动汽车的爬坡能力、加速能力以及最高车速等。驱动电机系统主要由电机及其控制器组成，其中电机主要由定子、转子、机壳、连接器、旋转变压器等零部件装配而成；电机控制器主要由 IGBT 模块、车用膜电容器、印刷线路板（PCB）及微控制单元（MCU）等电子元器件集成。

电机是以磁场为媒介进行电能和机械能相互转换的电磁装置，在电动汽车驱动过程中作为电动机运行，将动力电池存储的电能转换为机械能，驱动车辆运行；在制动或减速过程中作为发电机运行，将机械能转化为电能存储在动力电池中。相对于内燃机来说，电机的主要优势在于它可以在低速运行时提供较大的峰值转矩，并在短时间内提供额定功率 2~3 倍的瞬时功率，这些可以为车辆带来出色的加速性能。

## 一、电动汽车对驱动电机的基本要求

针对电动汽车的驱动特点所设计的驱动电机，相比工业用驱动电机有着特殊的性能要求：

（1）电动汽车驱动电机通常要求可以频繁地启动 / 停车、加速 / 减速，所以对其转矩控制的动态性能要求较高。

（2）为了减少整车的重量，通常取消多级变速器，这就要求在电动汽车低速或爬坡时，电机可以提供较高的转矩，通常来说要能够承受常规 4~5 倍的过载。

（3）要求电机调速范围尽量大，并且在整个调速范围内还要保持较高的运行效率。

（4）电机应尽量设计为高额定转速，同时采用铝合金外壳，因为高速电机体积小，有利于减轻电动汽车的重量。

（5）电机应具有优化的能量利用方案，能对制动能量进行回收。再生制动回收的能量一般要达到总能量的 10%~20%。

（6）电动汽车所使用的电机工作环境更加复杂、恶劣，要求电机有较好的可靠性和环境适应性，同时还要保证电机生产的成本不能过高。

## 二、电机的分类和特点

电动汽车驱动电机是所有电动汽车必不可少的关键部件，目前使用较多的有直流有刷、永磁无刷、交流感应和开关磁阻 4 种电机。

### （一）直流有刷电机

直流有刷电机结构简单，技术成熟，具有交流电机所不可比拟的优良电磁转矩控制特性，所以直到 20 世纪 80 年代中期，仍是国内外电动汽车用电机的主要研发对象。但是，由于直流电机价格高，体积和质量大，因此在电动汽车上的应用受到了限制。

### （二）永磁无刷电机

永磁无刷电机可以分为由方波驱动的无刷直流电机系统（BLD—厘米）和由正弦波驱动的无刷直流电机系统（PMSM），它们都具有较高的功率密度，其控制方式与感应电机基本相同，但效率比交流感应电机高 6%，因此在电动汽车上应用得比交流感应电机要广，是当前电动汽车用电动机的研发热点。这类电机具有较高的能量密度和效率，其体枳小、惯性低、响应快，非常适用于电动汽车的驱动系统，有极好的应用前景。

### （三）交流感应电机

交流感应电机也是较早用于电动汽车驱动的一种电机，它的调速控制技术比较成熟，具有结构简单、体积小、质量小、成本低、运行可靠、转矩脉动小、

噪声低、转速极限高和无位置传感器等优点，但因转速控制范围小、转矩特性不理想，故不适合需频繁启动、频繁加减速的电动汽车。

### （四）开关磁阻电机

开关磁阻电机（SRM）具有简单可靠、可在较宽转速和转矩范围内高效运行、控制灵活、四象限运行、响应速度快和成本较低等优点，但在实际应用中发现，SRM 存在着转矩波动大、噪声大、需要位置检测器等缺点，所以应用受到了限制。

以上四种电机各有优缺点，但是对电动汽车而言，由于电能是由各类动力电池提供的，而动力电池价格昂贵，所以使用相对效率最高的永磁无刷电机是较为合理的。目前，永磁无刷电机已被广泛应用于功率小于 100 kW 的电动汽车上。

## 三、驱动电机系统

驱动电机系统由电机控制器、驱动电机等组成，如图 3-1-1 所示。电机控制器通过 U、V、W 三相动力线给驱动电机供电，驱动电机通过信号线将电机转子位置信号及定子温度信号传给电机控制器。

电机控制器

电机

减速器

图 3-1-1　驱动电机系统

## （一）电机控制器的主要组成和作用

电动汽车电机控制器主要由功率模块、驱动操控模块、中心操控模块和传感器组成。

### 1. 功率模块

电机操控器的主体是一部逆变器，对电机的电流和电压进行操控。常常选用的功率器材主要有 MOSFET、GTO、IGBT 等。

### 2. 驱动操控模块

将中心操控模块的指令转化成对逆变器中可控硅的通断指令，并作为维护装置，具有过压、过流等问题的监测维护功用。

### 3. 中心操控模块

包含 PWM 波生成电路、复位电路、传感器信号处理电路和交互电路。中心操控模块对外作用，经过对外接口，得到车上其他部件的指令和状况信息；对内作用，把翻译过的指令传递给逆变器驱动电路，并对电路进行检测操控。

### 4. 传感器

系统应用到的传感器包括电流传感器、电压传感器、温度传感器、电机转轴角方位传感器等，根据规划要求增减。

电机控制器作为一部特定功用的逆变器，运用电力电子技术中的调压调频技术，将动力电池中存储的直流电，调制成控制电机所需的矩形波或正弦波交流电，改变输出电压，调整电流幅值或频率，然后改变电机转速、转矩，进而达到控制整车速度、加速度的目的。

# 第二节　典型驱动电机介绍

电机（"Motor"，也叫马达）是指依据电磁感应实现电能转换或传递的一种电磁装置，主要作用是产生驱动转矩，作为各种机械的动力源，为设备提供的是一种和环境互动的方式，所以根据应用环境的不同，它的设计和操作也会有所不同。

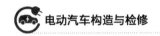 

## 一、直流电机

直流电机是指能将直流电能转换成机械能（直流电动机）或将机械能转换成直流电能（直流发电机）的旋转电机，是能实现直流电能和机械能互相转换的电机。它作电动机运行时是直流电动机，将电能转换为机械能；作发电机运行时是直流发电机，将机械能转换为电能。

### （一）组成结构

直流电机的结构由定子和转子两大部分组成。直流电机运行时静止不动的部分称为定子，定子的主要作用是产生磁场，由机座、主磁极、换向极、端盖、轴承和电刷装置等组成；运行时转动的部分称为转子，其主要作用是产生电磁转矩和感应电动势，是直流电机进行能量转换的枢纽，所以通常又被称为电枢，由转轴、电枢铁心、电枢绕组、换向器和风扇等组成。

#### 1. 定子

（1）主磁极

主磁极的作用是产生气隙磁场。主磁极由主磁极铁心和励磁绕组两部分组成。铁心一般用 0.5 毫米 ~1.5 毫米厚的硅钢板冲片叠压铆紧而成，分为极身和极靴两部分，上面套励磁绕组的部分称为极身，下面扩宽的部分称为极靴，极靴宽于极身，既可以调整气隙中磁场的分布，又便于固定励磁绕组。励磁绕组用绝缘铜线绕制而成，套在主磁极铁心上。整个主磁极用螺钉固定在机座上。

（2）换向极

换向极的作用是改善换向，减小电机运行时电刷与换向器之间可能产生的换向火花，一般装在两个相邻主磁极之间，由换向极铁心和换向极绕组组成。换向极绕组用绝缘导线绕制而成，套在换向极铁心上，换向极的数目与主磁极相等。

（3）机座

电机定子的外壳称为机座。机座的作用有两个：一是用来固定主磁极、换向极和端盖，并对整个电机起支撑和固定作用；二是机座本身也是磁路的一部分，借以构成磁极之间磁的通路，磁路通过的部分称为磁轭。为保证机座具有足够的机械强度和良好的导磁性能，一般为铸钢件或由钢板焊接而成。

（4）电刷装置

电刷装置是用来引入或引出直流电压和直流电流的。电刷装置由电刷、刷握、刷杆和刷杆座等组成。电刷放在刷握内，用弹簧压紧，使电刷与换向器之间有良好的滑动接触，刷握固定在刷杆上，刷杆装在圆环形的刷杆座上，相互之间必须绝缘。刷杆座装在端盖或轴承内盖上，圆周位置可以调整，调好以后加以固定。

**2.转子**

（1）电枢铁心

电枢铁心是主磁路的主要部分，同时用以嵌放电枢绕组。一般电枢铁心采用由0.5毫米厚的硅钢片冲制而成的冲片叠压而成，以降低电机运行时电枢铁心中产生的涡流损耗和磁滞损耗。叠成的铁心固定在转轴或转子支架上。铁心的外圆开有电枢槽，槽内嵌放电枢绕组。

（2）电枢绕组

电枢绕组的作用是产生电磁转矩和感应电动势，是直流电机进行能量变换的关键部件，所以叫电枢。它由许多线圈（以下称元件）按一定规律连接而成，线圈采用高强度漆包线或玻璃丝包扁铜线绕成，不同线圈的线圈边分上下两层嵌放在电枢槽中，线圈与铁心之间以及上、下两层线圈边之间都必须妥善绝缘。为防止离心力将线圈边甩出槽外，槽口用槽楔固定。线圈伸出槽外的端接部分用热固性无纬玻璃带进行绑扎。

（3）换向器

在直流电动机中，换向器配以电刷，能将外加直流电源转换为电枢线圈中的交变电流，使电磁转矩的方向恒定不变；在直流发电机中，换向器配以电刷，能将电枢线圈中感应产生的交变电动势转换为正、负电刷上引出的直流电动势。换向器是由许多换向片组成的圆柱体，换向片之间用云母片绝缘。

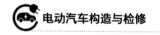

（4）转轴

转轴起转子旋转的支撑作用，须有一定的机械强度和刚度，一般用圆钢加工而成。

## （二）主要分类

电动机定子提供磁场，直流电源向转子的绕组提供电流，换向器使转子电流与磁场产生的转矩保持方向不变。根据是否配置有常用的电刷－换向器可以将直流电动机分为两类，包括有刷直流电动机和无刷直流电动机。

无刷直流电机是近几年来随着微处理器技术的发展和高开关频率、低功耗新型电力电子器件的应用，以及控制方法的优化和低成本、高磁能级的永磁材料的出现而发展起来的一种新型直流电动机。

无刷直流电机既保持了传统直流电动机良好的调速性能又具有无滑动接触和换向火花、可靠性高、使用寿命长及噪声低等优点，因而在电动汽车等方面都获得了广泛应用。

按照供电方式的不同，无刷直流电动机又可以分为方波和正弦波两类：方波无刷直流电动机，其反电势波形和供电电流波形都是矩形波，又称为矩形波永磁同步电动机；正弦波无刷直流电动机，其发电势波形和供电电流波形均为正弦波。

## （三）励磁方式

励磁方式是指旋转电机中产生磁场的方式，直流电机的励磁方式分为四种。

### 1. 他励直流电机

励磁绕组与电枢绕组无连接关系，而由其他直流电源对励磁绕组供电的直流电机称为他励直流电动机，永磁直流电动机也可看作他励或自激直流电动机，一般直接称作励磁方式为永磁。

### 2. 并励直流电机

并励直流电动机的励磁绕组与电枢绕组相并联，作为并励发电机来说，是电机本身发出来的端电压为励磁绕组供电；作为并励电动机来说，励磁绕组与电枢共用同一电源，从性能上讲与他励直流电动机相同。

### 3. 串励直流电机

串励直流电机的励磁绕组与电枢绕组串联后，再接入直流电源。这种直流电机的励磁电流就是电枢电流。

### 4. 复励直流电机

复励直流电机有并励和串励两个励磁绕组。若串励绕组产生的磁通势与并励绕组产生的磁通势方向相同，称为积复励；若两个磁通势方向相反，则称为差复励。

不同励磁方式的直流电机有着不同的特性。一般直流电动机的主要励磁方式是并励式、串励式和复励式，直流发电机的主要励磁方式是他励式、并励式和复励式。

## （四）型号命名

国产电机型号一般采用大写的汉语拼音字母和阿拉伯数字表示，其格式为：第一部分用大写的拼音字母表示产品代号，第二部分用阿拉伯数字表示设计序号，第三部分用阿拉伯数字表示机座代号，第四部分用阿拉伯数字表示电枢铁心长度代号。

## （五）工作原理

直流电机里边固定有环状永磁体，电流通过转子上的线圈产生安培力，当转子上的线圈与磁场平行时，再继续转，其受到的磁场方向将改变，因此此时转子末端的电刷跟转换片交替接触，线圈上的电流方向从而也改变，产生的洛伦兹力方向不变，所以电机能保持一个方向转动。

导体受力的方向用左手定则确定。这一对电磁力形成了作用于电枢的一个力矩，这个力矩在旋转电机里称为电磁转矩，转矩的方向是逆时针方向，意图使电枢逆时针方向转动。如果此电磁转矩能够克服电枢上的阻转矩（例如由摩擦引起的阻转矩以及其他负载转矩），电枢就能按逆时针方向旋转起来。

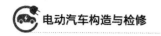

## 二、感应电机

感应电机是指一种定转子之间靠电磁感应作用，在转子内感应电流以实现机电能量转换的电机。感应电机的定子由定子铁心、定子绕组和机座三部分组成。

转子由转子铁心、转子绕组和转轴组成。转子铁心也是主磁路的一部分，一般由厚0.5毫米的硅钢片叠成，铁心固定在转轴或转子支架上。整个转子的外表呈圆柱形。转子绕组分为笼型和绕线型两类。

正常情况下，感应电机的转子转速总是略低或略高于旋转磁场的转速（同步转速），因此感应电机又称为"异步电机"。

感应电机的负载发生变化时，转子的转速和转差率将随之变化，使转子导体中的电动势、电流和电磁转矩发生相应的变化，以适应负载的需要。按照转差率的正负和大小，感应电机有电动机、发电机和电磁制动三种运行状态。

### （一）感应电机结构

#### 1.定子由定子铁心、定子绕组和机座三部分组成

定子铁心是主磁路的一部分。为了减少激磁电流和旋转磁场在铁心中产生的涡流和磁滞损耗，铁心由厚0.5毫米的硅钢片叠成。容量较大的电动机，硅钢片两面涂以绝缘漆作为片间绝缘。小型定子铁心用硅钢片叠装、压紧成为一个整体后固定在机座内；中型和大型定子铁心由扇形冲片拼成。在定子铁心内圆，均匀地冲有许多形状相同的槽，用以嵌放定子绕组。小型感应电机通常采用半闭口槽和由高强度漆包线绕成的单层（散下式）绕组，线圈与铁心之间垫有槽绝缘。半闭口槽可以减少主磁路的磁阻，使激磁电流减少，但嵌线较不方便。中型感应电机通常采用半开口槽。大型高压感应电机都用开口槽，以便于嵌线。为了得到较好的电磁性能，中、大型感应电机都采用双层短距绕组。

#### 2. 转子由转子铁心、转子绕组和转轴组成

转子铁心也是主磁路的一部分，一般由厚0.5毫米的硅钢片叠成，铁心固定在转轴或转子支架上。整个转子的外表呈圆柱形。转子绕组分为笼型和绕线型

两类。

（1）笼型绕组

笼型绕组是一个自行闭合的绕组，它由插入每个转子槽中的导条和两端的环形端环构成，如果去掉铁心，整个绕组形如一个"圆笼"，因此称为笼型绕组。为节约用铜和提高生产率，小型笼型电机一般都用铸铝转子；中、大型电机，由于铸铝质量不易保证，故采用铜条插入转子槽内，再在两端焊上端环的结构。笼型感应电机结构简单、制造方便，是一种经济、耐用的电机，所以应用极广。

（2）绕线型绕组

绕线型绕组的槽内嵌有用绝缘导线组成的三相绕组，绕组的三个出线端接到设置在转轴上的三个集电环上，再通过电刷引出。这种转子的特点是，可以在转子绕组中接入外加电阻，以改善电动机的启动和调速性能。

与笼型转子相比较，绕线型转子结构稍复杂，价格稍贵，因此只在要求启动电流小、启动转矩大，或需平滑调速的场合使用。

## （二）运行状态

感应电机是利用电磁感应原理，通过定子的三相电流产生旋转磁场，并与转子绕组中的感应电流相互作用产生电磁转矩，以进行能量转换。

当转子转速低于旋转磁场的转速时（$n_s > n > 0$），转差率 $0 < s < 1$。设定子三相电流所产生的气隙旋转磁场为逆时针转向，按右手定则，即可确定转子导体"切割"气隙磁场后感应电动势的方向。由于转子绕组是短路的，转子导体中便有电流流过。转子感应电流与气隙磁场相互作用，将产生电磁力和电磁转矩；按左手定则，电磁转矩的方向与转子转向相同，即电磁转矩为驱动性质的转矩，此时电机从电网输入功率，通过电磁感应，由转子输出机械功率，电机处于电动机状态。

若电机用原动机驱动，使转子转速高于旋转磁场转速（$n > n_s$），则转差率 $s < 0$。此时转子导体中的感应电动势以及电流的有功分量将与电动机状态时相

反，因此电磁转矩的方向将与旋转磁场和转子转向两者相反，即电磁转矩为制动性质的转矩。为使转子持续地以高于旋转磁场的转速旋转，原动机的驱动转矩必须克服制动的电磁转矩，此时转子从原动机输入机械功率，通过电磁感应由定子输出电功率，电机处于发电机状态。

若由机械或其他外因使转子逆着旋转磁场方向旋转（n<0），则转差率 s>1。此时转子导体"切割"气隙磁场的相对速度方向与电动机状态时相同，故转子导体中的感应电动势和电流的有功分量与电动机状态时同方向，电磁转矩方向亦相同。但由于转子转向改变，故对转子而言，此电磁转矩表现为制动转矩。此时电机处于电磁制动状态，它一方面从外界输入机械功率，同时又从电网吸取电功率，两者都变成电机内部的损耗。

### （三）额定值

1. 额定功率 PN：指电动机在额定状态下运行时，轴端输出的机械功率。单位为千瓦（kW）。

2. 定子额定电压 UN：指电机在额定状态下运行时，定子绕组应加的线电压。单位为伏（V）。

3. 定子额定电流 IN：指电机在额定电压下运行，输出功率达到额定功率时，流入定子绕组的线电流。单位为安（A）。

4. 额定频率 fN：指加于定子边的电源频率。我国工频规定为 50 赫（Hz）。

5. 额定转速 nN：电机在额定状态下运行时转子的转速。单位为转 / 分（r/min）。

除上述数据外，铭牌上有时还标明额定运行时电机的功率因数、效率、温升、定额等。对绕线型电机，还常标出转子电压和转子额定电流等数据。

### （四）感应电机特征

（1）感应电机不只在启动时，在运转时也使用辅助线圈和电容器。虽然启动转矩不是很大，但其结构简单，信赖度高，效率也高。

（2）可以连续运转。

（3）随负荷的大小，电机的额定转速也会改变。

（4）适用于不需要速度制动的应用场合。

（5）用 E 种绝缘等级。

（6）分感应运转型单相感应电机和三相感应电机两种。

（7）单相电机为感应运转型感应电机，效率高，噪声低。

（8）单相感应电机运转时，产生与旋转方向相反的转矩，因此不可能在短时间内改变方向。应在电机完全停止以后，再转换其旋转方向。

（9）单相电机的电源有 A（110 V，60 Hz）、B（220 V，60 Hz）、C（100 V，50/60 Hz）、D（200 V，50/60 Hz）、E（115 V，60 Hz）、X（200~240 V，50 Hz）等。

（10）三相电机的电源有 U（200 V，50/60 Hz）、T（220 V，50/60 Hz）、S（380~440 V，50/60 Hz）等。

### （五）感应电机的优缺点

#### 1. 优点

（1）小型轻量化。

（2）易实现转速超过 10 000 r/min 的高速旋转。

（3）高速低转矩时运转效率高。

（4）低速时有高转矩，以及有宽泛的速度控制范围。

（5）可靠性高（坚固）。

（6）制造成本低。

（7）控制装置简单。

#### 2. 缺点

（1）功率因数滞后。

（2）轻载功率因数低。

（3）调速性能稍差。

## 三、永磁同步电动机

永磁同步电动机具有结构简单、体积小、效率高、功率因数高等优点。

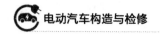

## （一）分类

按照永磁体结构分类，可分为：表面永磁同步电动机（SPMSM）、内置式永磁同步电动机（IPMSM）。

按照定子绕组感应电势波形分类，可分为：正弦波永磁同步电动机、无刷永磁直流电动机。

## （二）结构

永磁同步电动机（PMSM）主要是由转子、端盖及定子等各部件组成。永磁同步电动机的定子结构与普通感应电动机的结构非常相似，转子结构与异步电动机的最大不同是在转子上放有高质量的永磁体磁极，根据在转子上安放永磁体的位置的不同，永磁同步电动机通常被分为表面式转子结构和内置式转子结构。

永磁体的放置方式对电动机性能影响很大。在表面式转子结构中，永磁体位于转子铁芯的外表面，这种转子结构简单，但产生的异步转矩很小，仅适合于启动要求不高的场合，很少应用。在内置式转子结构中，永磁体位于鼠笼导条和转轴之间的铁芯中，启动性能好，绝大多数永磁同步电动机都采用这种结构。

## （三）工作原理

永磁同步电动机的启动和运行是由定子绕组、转子鼠笼绕组和永磁体这三者产生的磁场相互作用而形成的。电动机静止时，给定子绕组通入三相对称电流，产生定子旋转磁场，定子旋转磁场相对于转子旋转在笼型绕组内产生电流，形成转子旋转磁场，定子旋转磁场与转子旋转磁场相互作用产生的异步转矩使转子由静止开始加速转动。在这个过程中，转子永磁磁场与定子旋转磁场转速不同，会产生交变转矩。当转子加速到速度接近同步转速的时候，转子永磁磁场与定子旋转磁场的转速接近相等，定子旋转磁场速度稍大于转子永磁磁场，它们相互作用产生转矩将转子牵入到同步运行状态。在同步运行状态下，转子绕组内不再产生电流。此时转子上只有永磁体产生磁场，它与定子旋转磁场相互作用，产生驱动转矩。由此可知，永磁同步电动机是靠转子绕组的异步转矩实现启动的。启动完成后，转子绕组不再起作用，由永磁体和定子绕组产生的磁场相互作用产生驱动转矩。

### （四）永磁同步电动机的控制方式

#### 1.永磁同步电机恒压频比控制方法

永磁同步电机的恒压频比控制方法与交流感应电机的恒压频比控制方法相似，控制电机输入电压的幅值和频率同时变化，从而使电机磁通恒定，恒压频比控制方法可以适应大范围调速系统的要求。

在不反馈电流、电压或位置等物理信号的前提下，仍能达到一定的控制精度，这是恒压频比控制方法的最大优点。恒压频比控制方法的控制算法简单、硬件成本低廉，在通用变频器领域得到广泛应用。但恒压频比控制方法的缺点也显而易见，由于在控制过程中没有反馈速度、位置或任何其他的信号，所以几乎完全不能获得电机的运行状态信息，更无法精确控制转速或电磁转矩，系统性能一般，动态响应较差，尤其在给定目标速度发生变化或者负载突变时，容易产生失步和振荡等问题。显然，该种控制方法不能分别控制转矩和励磁电流，在控制过程中容易存在较大的励磁电流，影响电机的效率。因此，此种控制方法常用于性能需求较低的通用变频器中，如空调、流水线的传送带驱动控制、水泵和风机的节能运行等。

#### 2. 永磁同步电机直接转矩控制技术

直接转矩控制（DSC）在定子静止坐标系上构建磁链和电磁转矩模型，通过施加不同的电压矢量实现电磁转矩和定子磁链的控制。直接转矩控制方法有着算法简单、转矩响应好等优点。因此，在要求高瞬态转矩响应的场合，此种方法得到广泛应用。

由于控制存在固有的缺点使得直接转矩控制方法在速度较低时控制频率低，转矩脉动较大。因此减小低速时的转矩脉动也成了直接转矩控制方法中的研究热点，通过优化电压矢量作用时间来减小低速时的转矩脉动，效果较好。基于离散空间矢量调制技术将直接转矩控制方法应用于交流感应电机的控制中，减小了转矩脉动。

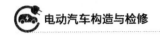

### 3. 永磁同步电机矢量控制技术

矢量控制技术诞生于 20 世纪 70 年代初，永磁同步电机的矢量控制系统是参照直流电机的控制策略，利用坐标变换将采集到的电机三相定子电流、磁链等矢量按照转子磁链这一旋转矢量的方向分解成两个分量，一个沿着转子磁链方向，称为直轴励磁电流；另一个正交于转子磁链方向，称为交轴转矩电流。根据不同的控制目标调节励磁电流和转矩电流，进而实现对速度和转矩的精确控制，使控制系统获得良好的稳态和动态响应特性。

## （五）永磁同步电动机的优缺点

### 1. 损耗低、温升低

由于永磁同步电动机的磁场是由永磁体产生的，从而避免通过励磁电流来产生磁场而导致的励磁损耗，即铜耗；转子运行无电流，显著降低电动机温升，在相同负载情况下温升低 20 K 以上。

### 2. 功率因数高

永磁同步电动机功率因数高，且与电动机级数无关，电动机满负载时功率因数接近 1，与异步电动机相比，因其电动机电流更小，相应地电动机的定子铜耗更小，效率也更高；而异步电动机随着电动机级数的增加，功率因数越来越低。而且，因为永磁同步电动机功率因数高，电动机配套的电源（变压器）容量理论上可以降低，同时还可以降低配套的开关设备和电缆等规格。

### 3. 效率高

与异步电动机相比，永磁同步电动机在轻载时效率值要高很多，其高效运行范围宽，在 25%~120% 范围内效率大于 90%，永磁同步电动机额定效率可达现行国标的 1 级能效要求，这是其在节能方面，相比异步电动机最大的一个优势。实际运行中，电动机在驱动负载时很少以满功率运行。其原因是：一方面，设计人员在电动机选型时，一般是依据负载的极限工况来确定电动机功率，而极限工况出现的机会是很少的，同时为防止在异常工况时烧损电动机，设计时也会进一步给电动机的功率留裕量；另一方面，电动机制造商为保证电动机的可靠性，通常会在用户要求的功率基础上，进一步留一定的功率裕量。这样就导致电动机实际运行的功率在额定功率的 70% 以下。

**4. 其他优势**

永磁同步电动机还具有高启动转矩、启动时间较短、高过载能力的优点，可以根据实际轴功率降低设备驱动电动机的装机容量，节约能源的同时减少固定资产的投资。永磁同步电动机控制方便，转速恒定，不随负载的波动、电压的波动而变化，只决定于频率，运行平稳可靠。由于转速严格同步，动态响应性能好，适合变频控制。永磁同步电动机的安装外形尺寸符合 IEC 标准，可以直接替换三相异步电动机，防护等级可以做到 IP54 和 IP55，个别厂家还生产防爆型永磁同步电动机。

# 第三节　电机控制器

电动汽车的"电控"，一般指电机控制器（MCU），是电动汽车"三电"中的又一核心。电动汽车要实现加速、定速巡航、能量回收，都要依靠电机控制器。电机控制器可以说是电动汽车的"控制中心"，驾驶员下发的控制指令，都要通过电机控制器来执行。

电机控制器是一种通过主动工作来控制电机按照设定的方向、速度、角度、响应时间进行工作的集成电路。

在电动车辆中，电机控制器的功能是根据挡位、油门、刹车等指令，将动力电池存储的电能转化为驱动电机所需的电能，来控制电动车辆的启动运行、进退速度、爬坡力度等行驶状态，或者将帮助电动车辆刹车，并将部分刹车能量存储到动力电池中。它是电动车辆的关键零部件之一。

## 一、电机控制器的结构组成

### （一）电子控制模块（Electronic Controller）

包括硬件电路和相应的控制软件。硬件电路主要包括微处理器及其最小系

统，对电机电流、电压、转速、温度等状态的监测电路，各种硬件保护电路，以及与整车控制器、电池管理系统等外部控制单元数据交互的通信电路。控制软件根据不同类型电机的特点实现相应的控制算法。

### （二）驱动器（Driver）

将微控制器对电机的控制信号转换为驱动功率变换器的驱动信号，并实现功率信号和控制信号的隔离。

### （三）功率变换模块（Power Conventer）

对电机电流进行控制。电动汽车经常使用的功率器件有大功率晶体管、门极可关断晶闸管、功率场效应管、绝缘栅双极晶体管以及智能功率模块等。

## 二、电机控制器的工作原理

电机控制器是控制动力电源与驱动电机之间能量传输的装置，由控制信号接口电路、驱动电机控制电路和驱动电路组成。其工作原理就是将动力电池的直流电转换为交流电，并控制电机按照控制器发送的目标扭矩和转速进行输出。

### （一）电机控制器的硬件构成

电机控制器的硬件通常分为控制板和驱动板。

#### 1. 控制板

主要包括主控芯片、CAN 网络、采样电路、旋变电路和电源电路等。

（1）主控芯片

控制板的主控芯片以 DSP 或 FPGA 为主，以车载电机控制器中常用的英飞凌、恩智浦、瑞萨为主。

英飞凌的 Aurix 系列，65 nm 工艺，32 bit 带宽，具有多个锁步核，最高主频达 300 MHz。常用的有 TC2XX 和 TX3XX 系列。

恩智浦的 MPC5XX 系列，55 nm 工艺，32 bit 位宽带锁步核的单核、双核架构，最高主频 200 MHz。

瑞萨的 RH850 系列，40 nm 工艺，32 bit 位宽带锁步核的单核、双核架构，最高主频 240 MHz。

（2）CAN 电路

CAN 电路主要以 CAN 收发器芯片为主，提供电机控制器与外部的交互，常用的芯片有 JTA1145、JTA1043 等。

（3）电源电路

电源电路主要将 12 V 电转变成 DSP 和部分电路所需的电压，比如主控芯片的外设和内核供电、CAN 收发器的供电等。常用的电源芯片包括以下几种。

英飞凌的 TLF35584 及其下一代，满足 ISO26262 要求。

NXP 的 FS6500，满足 ISO26262 要求，集 CAN 收发器、电源管理、LIN 总线收发器、自检诊断功能于一体。

ST 的 L9788，满足 ISO26262 要求，集 CAN 收发器、电源管理、LIN 收发器、继电器驱动等功能于一体。

TI 的 TS65381，满足 ISO26262 要求，集 CAN 收发器、电源管理、自检诊断功能于一体。

（4）旋变电路

硬件解码电路以旋变解码芯片为标志，芯片以 ADI 的 12XX 系列芯和 AU680 系列为主。

（5）采样电路

采样电路包括控制器的温度采样、冷却的温度采样、电机的温度采样、IG-ON（点火开关）的检测、HVIL（高压互锁）的检测等。

### 2. 驱动板

包括高压采样和驱动电路等。

（1）高压采样电路

高压采样电路包括多个高压采样电阻和隔离运放，主要是对母线电流电压、三相电流电压采样。

（2）驱动电路

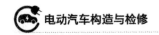

驱动电路的作用是将 DSP 输出的驱动信号经过隔离芯片，加强其带载能力，驱动 IGBT，并将故障信号送到 DSP。其隔离方式主要有磁隔离、容隔离和光电隔离。

## 三、电机控制器的功能

### （一）扭矩控制功能

MCU 根据 VCU 发送的扭矩请求指令，控制电机输出需求扭矩，主要是通过 PWM，控制 IGBT 的开关来实现控制。

### （二）转速控制功能

MCU 根据 VCU 发送的转速指令，控制电机控制器的转速。这个功能主要用于定速续航等需要控制车辆速度的功能时使用。

### （三）旋变零位自学习功能

旋变是旋转变压器的简称，其作用是输出电机转速相关信号给 MCU，算法根据该信号做转速、扭矩等的控制。但是通常旋变在安装时与电机的零位有一定的偏差，因此需要计算这个偏移量。

为了减少人为的工序，MCU 应该有旋变标定模式，启动后，MCU 自行运行一段程序来检测旋变零位。

### （四）故障监控

MCU 涉及高压控制，所以故障监控是必须的，而且策略会比较严苛。故障监控包括直流电流和电压监控、电机定转子温度和电机控制器温度监控、IGBT 以及传感器故障监控等。当监测到故障发生时，轻则报警、降功率，重则关闭输出。

除上述功能之外，还有网络管理、热管理、功能安全等功能需要 MCU 来实现。

## 四、电机控制器的冷却系统

除了动力电池工作过程中会产生大量的热量外，纯电动汽车的关键零部件电机、电机控制器及车载充电器的效率不能达到100%，在能量转化过程中产生大量的热量，这些热量如果不能够及时地散发出去，将导致车辆限扭运行甚至零件损坏。

### （一）驱动电机与控制器冷却系统的功能

电动汽车在驱动与回收能量的工作过程中，驱动电机定子铁芯、定子绕组在运动过程中都会产生损耗，这些损耗以热量的形式向外发散，需要有效的冷却介质及冷却方式来带走热量，保证电机在一个稳定的冷热循环平衡的通风系统中安全可靠地运行。电机冷却系统设计的好坏将直接影响电机的安全运行和使用寿命。需要特别说明的是，对于采用永磁同步电机的驱动单元，由于车辆在大负荷低速运行时，极容易使电机产生高温。在高温状态下，永磁转子很容易产生磁退现象，因此需要借助冷却系统对电机的温度进行控制。

电动汽车冷却系统的功能是将电机、电机控制器及车载充电器产生的热量及时散发出去，保证其在要求的温度范围内稳定高效地工作。

驱动电机主要冷却方式有自然冷却、风冷和水冷。

#### 1. 自然冷却

自然冷却依靠电机铁芯自身的热传递，散去电机产生的热量，热量通过封闭的机壳表面传递给周围介质，为增加散热效率，机壳表面可加冷却筋。

自然冷却结构简单，不需要辅助设施就能实现，但自然冷却效率差，仅适用于转速低、负载转矩小、电机发热量较小的小型电动机。

#### 2. 风冷

风冷是电机自带同轴风扇来形成内风路循环或外风路循环，通过风扇产生足够的风量，带走电机所产生的热量。介质为电机周围的空气，空气直接送入电机内，吸收热量后向周围环境排出。

风冷结构相对简单，成本较低，适用于与成本较低且功率较小的纯电动汽

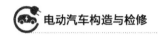 

车。但风冷受环境因素的制约，如在高温、粉尘、污垢和恶劣天气等工作环境下无法使用。风冷常用于清洁、无腐蚀、无爆炸环境下的电机冷却。

### 3. 水冷

水冷是将水（冷却液）通过管道和通路引入定子或转子空心导体内部，通过循环水不断的流动，带走电机转子和定子产生的热量，实现电机的冷却。

水冷的冷却效果比风冷更显著，无热量散发到环境中。但是，水循环系统结构复杂，存在渗漏隐患，需要良好的机械密封装置，如果发生水渗漏，会造成电机绝缘被破坏，可能烧毁电机；水质需要处理，对其电导率、硬度和 PH 值都有一定的要求。

## （二）水冷式冷却系统的结构

以下介绍目前最常用的水冷式驱动电机与控制器冷却系统的结构组成。

### 1. 纯电动汽车驱动电机与控制器冷却系统结构

纯电动汽车驱动电机与控制器的冷却系统主要依靠冷却水泵带动冷却液在冷却管道中循环流动，通过在散热器的热交换等物理过程，冷却液带走电机与控制器产生的热量。为使散热器热量散发更充分，通常还在散热器后方设置风扇。

驱动电机与控制器冷却系统的冷却水泵一般都采用电动冷却水泵，整车控制器监控到电机 / 电机控制器温度过高时会自动打开冷却水泵。

图 3-3-1 是电动汽车上采用的 PCE 无刷冷却水泵。PCE 冷却水泵采用无刷电机技术，可实现三个功率范围（40/60/70W），以满足不同的冷却回路的要求。

图 3-3-1　PCE 无刷冷却水泵

PCE无刷冷却水泵采用了无刷技术并且优化了内部液压部分的设计,效率提高了39%。由于其设计紧凑,重量减轻(最大620克),$CO_2$的排放显著降低,并在噪声方面优于客户标准要求,PCE无刷冷却水泵可应用于混合动力或者纯电动汽车。PCE无刷冷却水泵带有内部诊断功能,不同的失效模式(比如温度过高、堵转等)会报告给控制单元。如果故障持续超过预定时间,水泵默认为"紧急模式",降低功率,以确保导入功能(例如电力电子元件的冷却)。无刷驱动和稳健的设计确保了水泵的高耐久性,这对插电式混合动力汽车和纯电动汽车是必需的。

PCE无刷冷却水泵优点如下:

(1)效率提高,碳排放低。

(2)噪声低。

(3)液压范围广泛。

(4)具备不同失效反馈的自诊断功能。

(5)高功率密度。

(6)高耐久性。

(7)技术领先。

### 2. 混合动力汽车驱动电机与控制器冷却系统结构

混合动力汽车冷却系统由发动机冷却系统和电机冷却系统两部分组成。

发动机冷却系统与传统涡轮增压车型冷却系统一样,系统水温一般在90℃~100℃之间,允许最高温度为110℃。

电机冷却系统采用第三套独立的冷却系统,用于电机与电机控制器的冷却,是通过单独的电动水泵驱动冷却液实现的独立循环系统。它由散热器、电子风扇、水管、水壶、电机水套、电机控制器、水泵(安装在水箱立柱上的电动水泵)组成。

## 五、电机控制器的发展趋势

首先从电驱总成来看,从之前的 MCU、电机、减速器分离式到后面的三合一集成总成（如图 3-3-2 所示），集成化、域控化依然是当前的趋势。比如现在的多合一控制器（比亚迪 E3.0 平台中的八合一），就是将原来分开的 VCU、电机控制器、BMS、车载充电器集成到一个控制器中。

图 3-3-2　三合一电驱总成

## 六、任务实施

### （一）实施要求

完成对纯电动汽车的驱动电机与控制器冷却系统采用的冷却水泵更换，包含以下内容：

**1. 冷却水泵拆卸**

**2. 冷却水泵安装**

### （二）实施准备

**1. 防护装备**

防护用品一套（工作服、绝缘劳保鞋、护目镜、绝缘头盔、绝缘手套）。

**2. 车辆、台架、总成**

吉利 E300 或其他纯电动车辆一辆。

**3. 专用工具、设备**

拆装专用工具。

## 4. 手工工具

新能源汽车维修组合工具。

## 5. 辅助材料

高压电维修警示牌和设备、绝缘地胶、二氧化碳类型灭火器、清洁剂。

### （三）实施步骤

#### 1. 冷却水泵拆卸

（1）选用10毫米扳手拧松蓄电池负极线固定螺栓，取下负极线，并对负极端子做好防护。

注意事项：拆卸蓄电池负极前，必须确保点火开关处于关闭状态，并将车钥匙放在口袋。

（2）拧下储液罐盖。

（3）举升车辆至一定高度。

（4）拆卸散热器放水螺栓，排空冷却液。

（5）冷却液排空后，安装散热器放水螺栓。

（6）使用干净抹布清洁放水螺栓处。

（7）拔下水泵电机插接器。

（8）使用鲤鱼钳脱开水泵出水管卡箍，拔出水泵出水水管。

（9）选用棘轮扳手、接杆和8毫米套筒拆卸水泵两颗固定螺栓。

（10）取下水泵。

注意事项：在拆卸水泵时，应防止水泵自由坠落发生意外，拆卸时必须用手扶着水泵。

#### 2. 冷却水泵安装

（1）安装水泵：选用棘轮扳手、接杆和8毫米套筒安装水泵的两颗固定螺栓，标准力矩为10 N·m。

（2）安装水泵电机插头。

（3）安装水泵出水管。

（4）安装水泵进水管。

（5）使用鲤鱼钳安装卡箍至合适位置。

（6）检查水管及卡箍。

（7）降下车辆。

（8）添加冷却液至 MAX 和 MIN 之间。

（9）拧紧储液壶盖。

（10）打开点火开关，使冷却液进入循环状态。

（11）清除防护胶带。

（12）安装蓄电池负极。

（13）使用 10 毫米扳手紧固负极线固定螺栓，标准力矩为 10 N·m。

# 第四章　电控系统的认知与检修

# 第一节  整车控制器概述

储存在动力电池的电能通过变化器，供给到电动机，驱动电动机运转，电动机的机械能再通过减速器传递至车轮，驱动电动汽车运动。同时，车上还有众多的用电设备需要能量，这些能量的流动如何进行优化和管理，需要电动汽车的电控技术。

电动汽车电控系统，狭义地讲是指整车控制器，从广义上讲，则包括整车控制器、电池管理系统和驱动电机控制器等。电控是车辆所有电子控制系统软件和硬件的总称。电控系统是电动汽车的总控制台，相当于车辆的"大脑和神经系统"，决定了电动汽车的能耗、排放、动力性、操控性、舒适性等主要性能指标。电控系统越强大，车辆的控制与行驶能力越出色。燃油车也有电控系统，但相对比较简单，电动汽车电控系统更复杂和强大。

电动汽车整车控制器（VCU）是电动汽车整车控制系统的核心部件，用于采集电机控制系统信号、加速踏板信号、制动踏板信号及其他部件信号，根据驾驶员的驾驶意图综合分析并做出相应判断后，计算出车辆运行所需要的电机输出转矩等参数，从而协调各个动力部件的运动，保障电动汽车的正常行驶。此外，整车控制器可以通过充电和制动能量回收等实现较高的能量效率。在完成能量和动力控制的同时，整车控制器还监控下层的各部件控制器的动作，对汽车的正常行驶、电池能量的制动回馈、网络管理、故障诊断与处理、车辆状态监控等功能起着关键作用。作为电动汽车上全部电器的运行平台，整车控制器的性能直接影响其他电器性能的发挥。

## 一、整车控制系统的功能

整车控制系统由整车控制器、电机及其控制器、动力电池、电池管理系统、变速器、减速器、辅助系统等组成。其中，辅助系统包括转向电机及其控制器、空调电机及其控制器、制动系统、DC/DC 转换器等。动力电池作为全车的动力源，为各个用电设备提供动力。驾驶员通过整车控制系统达到对车辆的整体控制。整车控制系统的结构如图 4-1-1 所示。

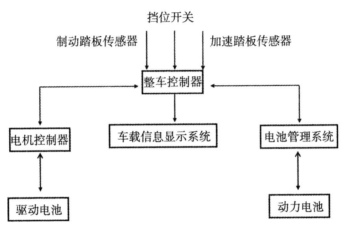

图 4-1-1　整车控制系统示意图

整车控制器通过采集加速踏板信号、制动踏板信号和挡位开关信号等驾驶信息，同时接收 CAN 总线上电机控制器和电池管理系统发出的数据，并结合整车控制策略对这些信息进行分析和判断，提取驾驶员的驾驶意图和车辆运行状态信息，最后通过 CAN 总线发出指令来控制各部件控制器的工作，保证车辆的正常行驶。整车控制器具备以下基本功能。

### （一）对汽车行驶的控制

电动汽车的驱动电机必须按照驾驶员意图输出驱动或制动转矩。当驾驶员踩下加速踏板或制动踏板时，驱动电机要输出一定的驱动功率或再生制动功率。踏板开度越大，驱动电机的输出功率越大。因此，整车控制器要合理解释驾驶员操作；接收整车各子系统的反馈信息，为驾驶员提供决策反馈；对整车各子系统发送控制指令，以实现车辆的正常行驶。

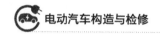

### （二）整车的网络化管理

整车控制器是电动汽车众多控制器中的一个，是 CAN 总线中的一个节点。在整车网络管理中，整车控制器是信息控制的中心，负责信息的组织与传输、网络状态的监控、网络节点的管理以及网络故障的诊断与处理。

### （三）对制动能量的回收

纯电动汽车区别于内燃机汽车的重要特征就是能够进行制动能量回收，这是通过将纯电动汽车的电机工作在再生制动状态来实现，整车控制器分析驾驶员制动意图、动力电池组状态和驱动电机状态等信息，并结合制动能量回收控制策略，在满足制动能量回收的条件下对电机控制器发送电机模式指令和转矩指令，使得驱动电机工作在发电模式，在不影响制动性能的前提下将电制动回收的能量储存在动力电池组中，从而实现制动能量回收。

### （四）整车能量管理和优化

在纯电动汽车中，动力电池除了给驱动电机供电以外，还要给电动附件供电，因此，为了获得最大的续驶里程，整车控制器将负责整车的能量管理，以提高能量的利用率。在电池的 SOC 值比较低的时候，整车控制器将对某些电动附件发出指令，限制电动附件的输出功率，来增加续驶里程。

### （五）对车辆状态的监测和显示

整车控制器通过直接采集信号和接收 CAN 总线上的数据的方式获得车辆运行的实时数据，包括速度、电机的工作模式、转矩、转速、电池的剩余电量、总电压、单体电压、电池温度和故障等信息，然后通过 CAN 总线将这些实时信息发送到车载信息显示系统进行显示。此外整车控制器定时检测 CAN 总线上各模块的通信，如果发现总线上某一节点不能够正常通信，则在车载信息显示系统上显示该故障信息，并对相应的紧急情况采取合理的措施进行处理，防止极端状况的发生，使得驾驶员能够直接、准确地获取车辆当前的运行状态信息。

### （六）故障诊断与处理

连续监测整车电控系统，进行故障诊断。故障指示灯指示出故障类别和部分故障码。根据故障内容，及时进行相应安全保护处理。对于不太严重的故障，能做到低速行驶到附近维修站进行检修。

### （七）外接充电管理

实现充电的连接，监控充电过程，报告充电状态，充电结束。

### （八）诊断设备的在线诊断和下线检测

负责与外部诊断设备的连接和诊断通信，实现 UDS 诊断服务，包括数据流读取、故障码的读取和清除、控制端口的调试。

电动汽车整车控制器通过采集行车及充电过程中的控制信号，判断驾驶员意图，通过 CAN 总线对整车电控设备进行管理和调度，并针对不同车型采用不同的控制策略，实现整车驱动控制、能量优化控制、制动能量回收控制和网络管理。整车控制器运用了微型计算机、智能功率驱动、CAN 总线等技术，具有动态响应好、采样精度高、抗干扰能力强、可靠性好等特点。

## 二、整车控制器设计要求

直接向整车控制器发送信号的传感器包括加速踏板传感器、制动踏板传感器和挡位开关，其中加速踏板传感器和制动踏板传感器输出模拟信号，挡位开关输出开关量信号。整车控制器通过向电机控制器、电池管理系统发送指令间接控制驱动电机运转和动力电池充放电，通过控制主继电器来实现车载模块的通断电。

根据整车控制网络的构成以及对整车控制器输入和输出信号的分析，整车控制器应满足以下技术要求。

（1）设计硬件电路时，应该充分考虑电动汽车的行驶环境，注重电磁兼容性，提高抗干扰能力。整车控制器在软硬件上都应该具备一定的自保护能力，以防止极端情况的发生。

（2）整车控制器需要有足够多的 I/O 接口，能够快速、准确地采集各种输入信息，至少具备两路 A/D 转换通道用于采集加速踏板信号和制动踏板信号，应该具有多个开关量输入通道，用于采集汽车挡位信号，同时应该具有多个用于驱动车载继电器的功率驱动信号输出通道。

（3）整车控制器应该具备多种通信接口，CAN 通信接口用于与电机控制器、电池管理系统和车载信息显示系统通信，RS232 通信接口用于与上位机通信，同时预留了一个 RS–485/422 通信接口，用以兼容不支持 CAN 通信的设备，例如某些型号的车载触摸屏。

（4）不同路况条件下，汽车会遇到不同的冲击和振动，整车控制器应该具备良好的抗冲击性，才能保证汽车的可靠性和安全性。

# 第二节　整车控制器组成与原理

电动汽车控制系统中，整车控制器占据着"中枢大脑"的位置，主要分为集中式控制和分布式控制两种。

集中式控制系统的基本思想是整车控制器独自完成对输入信号的采集，并根据控制策略对数据进行分析和处理，然后直接对各执行机构发出控制指令，驱动纯电动汽车正常行驶。集中式控制系统的优点是处理集中、响应快和成本低；缺点是电路复杂，并且不易散热。

分布式控制系统的基本思想是整车控制器采集一些驾驶员信号，同时通过 CAN 总线与电机控制器和电池管理系统通信，电机控制器和电池管理系统分别将各自采集的整车信号通过 CAN 总线传递给整车控制器。整车控制器根据整车信息，并结合控制策略对数据进行分析和处理，电机控制器和电池管理系统收到控制指令后，根据电机和电池当前的状态信息，控制电机运转和电池放电。分布式控制系统的优点是模块化和复杂度低，缺点是成本相对较高。

# 一、整车控制器的组成

整车控制器的硬件电路包括微控制器、开关量调理、模拟量调理、继电器驱动、高速 CAN 总线接口、电源等模块，如图 4-2-1 所示。

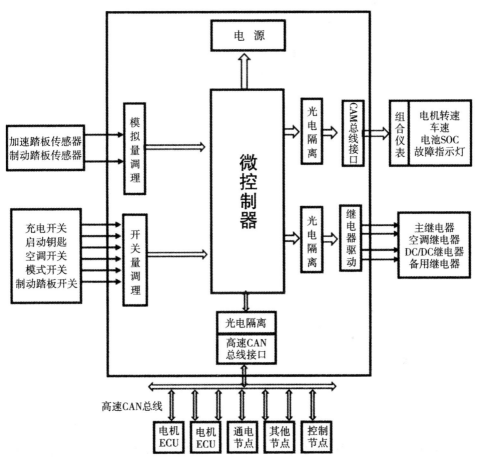

图 4-2-1 电动汽车整车控制器组成图

## （一）微控制器模块

微控制器模块是整车控制器的核心，综合考虑纯电动汽车整车控制器的功能及其运行的外界环境，微控制器模块应该具有高速的数据处理性能、丰富的硬件接口、低成本和可靠性高的特点。

### （二）开关量调理模块

开关量调理模块用于开关输入量的电平转换和整型，其一端与多个开关量传感器相连，另一端与微控制器相接。

### （三）模拟量调理模块

模拟量调理模块用于采集加速踏板和制动踏板的模拟信号，并输送给微控制器。

### （四）继电器驱动模块

继电器驱动模块用于驱动多个继电器，其一端通过光电隔离器与微控制器相连，另一端与多个继电器相接。

### （五）高速CAN总线接口模块

高速 CAN 总线接口模块用于提供高速 CAN 总线接口，其一端通过光电隔离器与微控制器相连，另一端与系统高速 CAN 总线相接。

### （六）电源模块

电源模块为微处理器和各输入、输出模块提供隔离电源，并对蓄电池电压进行监控，与微控制器相连。

整车控制器对电动汽车动力链的各个环节进行管理、协调和监控，以提高整车能量利用效率，确保行车安全性和可靠性。整车控制器采集驾驶员驾驶信号，通过 CAN 总线获得驱动电机和动力电池系统的相关信息，进行分析和运算，通过 CAN 总线给出电机控制和电池管理指令，实现整车驱动控制、能量优化控制和制动能量回收控制。整车控制器还具有综合仪表接口功能，可显示整车状态信息；具备完善的故障诊断和处理功能；具有整车网关及网络管理功能。

## 二、整车控制器的原理

电动汽车中比较重要的开关信号和模拟信号都是由传感器直接传输给车辆

控制器（VCU），而不是通过 CAN 总线。开关信号包括按键信号、挡位信号、充电开关、刹车信号等；模拟信号包括油门踏板信号、刹车踏板信号、电池电压信号等。纯电动汽车上其他具有独立系统的电器一般通过共享 CAN 总线来传递信息。动力电池系统实时监测并上报 VCU 的参数包括：总电流、总电压、最大电芯电压、最小电芯电压、最高温度、电池组充电状态（SOC），部分系统还监测电池包健康身份（SOH）。

### （一）VCU向动力电池系统发送的指令

#### 1. 充电

初始充电连接信号确认后，整车处于禁止状态，VCU 交出控制权。整个充电过程由电池管理系统和充电器共同完成，直到充电完成或充电中断，车辆控制权返回 VCU。

#### 2. 放电

VCU 根据驾驶员的意图计算车辆的电力需求，转换成电流需求，发送到 BMS。BMS 根据自身的 SOC、温度和系统设计阈值确定提供的电流值。

#### 3. 开关指令

在充放电开始前，VCU 通过控制电池组的主电路接触器来控制车辆强电系统是否通电。在车辆运行过程中，如遇紧急情况，VCU 将酌情决定是否闭合或断开主电路接触器。

### （二）VCU向电机控制器发送指令

包括三部分描述，即电机使能信息、电机模式信息（再生制动、正向驱动、反向驱动）和对应的模式。电机控制器向 VCU 上报电机和控制器的各种参数和故障报警信息。主要参数包括电机转速、电机转矩、电机电压和电流。

### （三）VCU与充电系统

充电系统包括车载充电器和非车载充电器，还包括广义的换电系统。充换

电系统（这里的"充电"主要指非车载充电器）需要统一的通信协议，以实现最大的通用性。从充电枪和车辆上充电接口的物理连接开始，整个充电过程中的信息交换都是在电池管理系统和充电器之间进行，不再通过 VCU。

### （四）VCU 与制动系统

采用复合制动系统的电动车需要综合考虑液压制动系统、电机制动和防抱死制动系统（ABS）的协调性和一致性。

### （五）BCU

BCU 可以独立于 VCU，也可以只通过 CAN 进行通信，还可以将功能集成到 VCU 中。

VCU 根据制动踏板的开度和开度变化的快慢，计算出车辆的制动需求扭矩，并传递给 BCU。BCU 根据车辆的具体状态做出具体的扭矩分配。对于一般车速中等的制动，直接切入电机能量回馈制动，尽可能回收制动能量；如果车速较快，驾驶员紧急踩下踏板需要紧急制动，BCU 会先启动液压制动系统，等待减速。待状态稳定后，再引入能量再生制动，比例逐渐增加。在冰雪路面行驶时，BCU 会引入 ABS 并将其优先级设置为最高，让车辆能够正常安全行驶。

# 第三节　整车控制器的工作模式测试

## 一、静态测试

车辆静态测试是指车辆在静止状态上电后对相关用电设备进行的功能测试，用以检查用电设备及相应控制按钮是否能够正常工作。通过静态测试，能够了解整车上电功能及整车控制器的部分功能是否正常。显示仪表、空调系统等子系统的正常工作是车辆运行安全性和舒适性等的重要保证。

（一）静态测试的内容

车辆静态测试的内容一般包括上电测试和下电测试两部分。上电测试主要是指点火开关位于 ACC 位和 ON 位时，对整车控制器相应的控制部件功能进行测试。下电测试一般是上电测试时检测出故障后，将点火开关置于 LOCK 位，对相应故障点进行线路检测。进行下电测试时，由于整车高压部件及线束可能存在残余电能，需要注意进行绝缘防护。

待维修北汽 EV160 的车辆无法正常上电，仪表盘上 READY 灯未点亮，下面对此故障进行排查和修复。

在北汽 EV160 新能源汽车上，点火开关有 LOCK、ACC、ON 及 START 四个位置。当点火开关位于 LOCK 位时，汽车转向盘锁止，整车处于下电状态；当点火开关位于 ACC 位时，转向盘解锁，个别电器和附件可用（如中控、电动车窗等）；当点火开关位于 ON 位时，车辆空调可用，所有仪表、警告灯、电路可用，高压系统上电，进入行车准备状态；点火开关的 START 信号为车辆启动信号，在 EV160 车上没有用途。

将点火开关置于 ON 位，可进行车辆的静态上电测试。在进行车辆静态上电测试时，注意换挡旋钮置于 P 或 N 位，并维持驻车制动杆拉起。点火开关置于 ON 位后，整车电气系统完成上电，显示仪表盘 READY 灯点亮，说明车辆上电正常。纯电动汽车静态测试的内容主要包括仪表盘指示功能测试、中控信息娱乐系统功能测试、辅助用电设备功能测试及下电测试。

### 1. 仪表盘指示功能测试

北汽 EV160 纯电动汽车的仪表盘及各指示灯功能如图 4-3-1 所示。

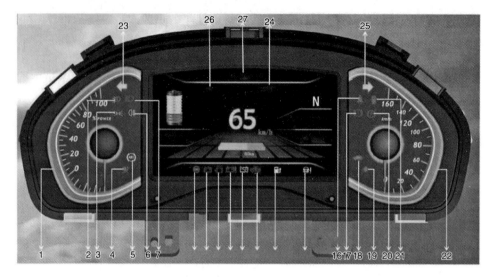

图 4-3-1　北汽 EV160 纯电动汽车的仪表盘及各指示灯功能

1-驱动电机功率表；2-前雾灯；3-示廓灯；4-安全气囊指示灯；5-ABS
指示灯；6-后雾灯；7-远光灯；8-跛行指示灯；9-蓄电池故障指示灯；10-电
机及控制器过热指示灯；11-动力电池故障指示灯；12-动力电池断开指示灯；
13-系统故障灯；14-充电提醒灯；15-EPS 故障指示灯；16-安全带未系指示
灯；17-制动故障指示灯；18-防盗指示灯；19-充电线连接指示灯；20-手动制
动指示灯；21-门开指示灯；22-车速表；23/25-左 / 右转向指示灯；24-READY
指示灯；26-REMOTE 指示灯；27-室外温度提示

　　车辆仪表盘的主要作用是为驾驶员提供车辆状态信息及车辆故障信息。车
辆状态信息主要包括整车动力系统状态（如动力电池剩余电量、车辆续驶里程
等）、车辆行驶状态（如挡位信号、车速、车辆灯光系统工作情况等）。车辆
故障信息主要包括系统故障信息灯和部件故障信息灯。除上述之外，仪表盘还
具有提示驾驶员功能，不仅能以指示灯的形式进行提示，如充电提醒灯、室外
温度提示灯、安全带未系提示灯等，而且能够在必要的时候进行声音报警和文
字报警提示。北汽 EV160 纯电动汽车的仪表盘下方设置了两个按钮（左 A、右
B），能够对显示屏幕进行切换，以显示更多的车辆信息。在进行车辆静态测试
时，可以通过调节按钮 A、B 对车辆状态信息进行进一步查看，具体见表 4-1 按
钮 A，表 4-2 按钮 B。

表 4-1　按钮 A 功能表

| 当前显示模式 | 开关按住时间 | 开关放开后显示模式 |
|---|---|---|
| 平均电耗 | t<2s | 保养里程 |
| 保养里程 | t<2s | 平均电耗 |
| | t>10s | 保养里程复位至 10 000 千米 |

表 4-2　按钮 B 功能表

| 当前显示模式 | 开关按住时间 | 开关放开后显示模式 |
|---|---|---|
| 车速 | t<2s | 数字电压值 |
| 数字电压值 | t<2s | 数字电流值 |
| 数字电流值 | t<2s | 数字转速值 |
| 数字转速值 | t<2s | 瞬时电耗 |
| 瞬时电耗 | t<2s | 车速 |
| 任意模式 | t>3s | 小计清零 |
| 充电模式 | —— | 车辆充电信息 |

### 2. 中控信息娱乐系统功能测试

北汽 EV160 的中控信息娱乐系统能够为驾驶员提供更丰富的车辆状态信息，并带有方便、实用的功能，如蓝牙、导航等。北汽 EV160 采用了搭载 WinCE 操作系统的数码设备作为中控信息娱乐系统，该设备由一个 800×480（dpi）的电阻式单点触摸屏、多个触摸式按键和多种扩充接口（USB、AUX、SD）组成。

中控信息娱乐系统的开关具有 3 个状态：关机、开机和待机。系统由蓄电池进行供电，只有当点火开关置于 ON 位后才能正常开关机和运行。在关机状态下，短按电源键即可开启系统；在开机状态下，短按电源键，可使系统进入待机状态，而长按电源键，可以进行关机；在待机状态下，短按电源键可以唤醒系统。

中控信息娱乐系统的主要功能有收音机、蓝牙、机屏互联及能量流指示等。

机屏互联是指利用 HDMI 技术及 MHL 接口实现手机与屏幕的通信。HDMI 是一种数字化视频/音频接口技术，适合影像传输的专用型数字化接口，能够同时传送视频信号和音频信号；MHL 是一种连接便携式消费电子装置的影音标准接口，它运用现有的 Micro USB 接口，实现手机输出的 MHL 信号到 HDMI 信号的转换，同时支持为手机充电。

能量流指示功能能够形象地呈现整车运行过程中能量的传递路径，并实时显示车辆状态。当车辆出现不同程度的故障时，系统能够直观地提醒驾驶员，并给出合适的处理意见。

**3. 中控信息娱乐系统常见故障与检修方法—— 一般故障**

详见表4-3。

表4-3

| 故障现象 | 故障原因 | 排除方法 |
|---|---|---|
| 不能开机 | 保险损坏 | 更换保险丝 |
| | 蓄电池电压过低 | 给蓄电池充电 |
| | 中控台故障 | 更换中控台 |
| 声音小 | 中控台或连接设备音量调得太小 | 增加中控台或设备音量 |
| | 声道平衡靠近一边 | 调整声道平衡 |
| 收音效果差 | 天线插座或天线电缆连接异常 | 检查天线插座和天线电缆连接 |
| | 天线未正常展开 | 检查天线是否正常展开 |
| | 天线放大器损坏 | 更换天线 |
| | 电台信号弱 | 移动到障碍物少的地方再进行搜台 |
| 不能播放USB设备或SD卡 | 文件格式不对 | 检查文件格式 |
| | 存储设备连接不正确 | 检查存储设备连接 |

**4. 中控信息娱乐系统常见故障与检修方法——蓝牙故障**

详见表4-4。

表4-4

| 故障现象 | 故障原因 | 排除方法 |
|---|---|---|
| 配对或连接错误 | 配对距离太远或有遮挡物 | 移到8米以内并避开遮挡物再进行连接 |
| | 本设备未开启蓝牙 | 开启蓝牙功能，设置为可见 |
| | 已经与其他蓝牙设备连接 | 断开其他蓝牙设备，重新连接 |
| | 手机蓝牙功能故障 | 维修或更换手机 |
| 不能通话、通话时无麦克、不能切换免提或免提无声音 | 蓝牙已断开 | 设备会自动重新连接，或手动重连 |
| | 设备蓝牙功能损坏 | 维修蓝牙功能 |
| | 手机故障 | 维修或更换手机 |

### 5.READY 灯未点亮故障检测方法

若显示仪表 READY 灯未点亮，则应根据仪表盘其他指示灯进行故障排查：

（1）通信故障。

（2）充电连接指示灯闪烁 / 点亮。

（3）动力电池故障灯点亮。

（4）挡位显示状态 N 闪烁。

（5）高压连接指示灯点亮。

## （二）下电测试

车辆的下电测试主要是对上电静态测试中检测到的故障，在下电的情况下进行故障原因排查。

在整车静态上电正常的情况下：

（1）仪表盘指示功能，主要通过显示信号对应的操作进行，如对照明系统的显示，可以通过相应的照明开关来操作。

（2）中控信息娱乐系统功能的测试则是通过相关的按钮来实现娱乐功能和信息查看等。

（3）对于辅助用电设备的测试，主要通过操作相应开关来观察执行器功能完成的效果来评价。

## 二、静态测试的方法

在整车静态上电正常的情况下，进行相应功能的测试。例如，对车辆照明系统测试，应确保车辆远近光灯、雾灯、示廓灯、制动灯及车内的内饰灯光照强度及闪烁频率正常；车辆空调系统应保证空调制冷、采暖、通风换气等功能正常，空调压缩机无异响；对雨刮器相关装置，需要测试雨刮器动作是否连续，起停位置是否准确，以及清洗装置功能是否完好，必要时应调整清洗剂喷嘴位置；测试电动车窗及电动天窗能够正常开启和关闭，并注意其极限位置是否正常。

### 三、实践操作

电动汽车上电异常，以北汽 EV160 纯电动汽车为例。

#### （一）故障现象

某驾驶员按照正常操作流程进行北汽 EV160 纯电动汽车驾驶时，发现车辆无法正常上电，并观察到仪表盘上的 READY 灯未点亮，挡位指示灯显示为 D 挡位，且挡位指示灯不断闪烁。如图 4-3-2。

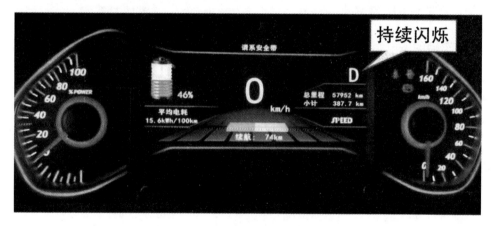

图 4-3-2　电动汽车上电异常仪表盘

#### （二）故障分析

当北汽 EV160 电动汽车在点火开关置于 ON 挡位时，显示仪表盘上的 READY 指示灯未点亮，说明整车存在上电异常故障。此时应继续观察显示仪表是否有其他故障灯点亮。当挡位指示灯持续闪烁时，说明车辆挡位信号错误，此时应检查是否存在挡位误操作及换挡器功能。当驾驶员存在换挡误操作时，整车控制器将控制车辆不能够正常行驶，并提醒驾驶员进行车辆维修，以保证车辆驾驶员安全。

### （三）故障诊断

#### 1. 安全提示

故障诊断仪与车辆和电脑连接时需注意车辆点火开关的状态；试车时，注意安全操作。

#### 2. 读取故障码

经检测，发现车辆不存在故障码。

### （四）故障排除

通过仪表观察到挡位指示灯显示为 D 挡位，且指示灯不断闪烁，根据所学内容可知，此故障产生的原因可能是挡位信号错误，此时应关闭点火开关，检查电子换挡旋钮。

### （五）故障修复

关闭点火开关，将电子换挡旋钮旋至 N 挡位，重新打开点火开关置于 ON 挡位，此时发现，仪表盘 READY 灯点亮，挡位指示灯显示 N 挡位，且不再闪烁。

### （六）试车

驾驶员重新试车，发现车辆能够正常行驶，说明上电异常故障已排除。

## 四、运行状态测试

车辆的运行状态测试主要是对车辆的驾驶性能进行测试。功能完好的车辆应能够较好地实现起停、前进、倒退、换挡、转向等操作。车辆的运行状态测试是进行车辆控制系统故障诊断的基础性检查工作之一。

### （一）运行状态测试的内容

在整车控制系统中，车辆的运行状态测试主要是指测试车辆是否能够按照驾驶员意图，完成车辆的换挡、行驶、转向等功能。整车控制器驱动控制策略的核心主要包括工况判断、需求转矩计算、转矩输出等内容。整车驱动控制如

图 4-3-3 所示。

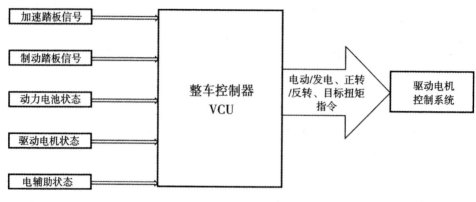

图 4-3-3　整车驱动控制

下面介绍北汽 EV160 电动汽车的运行状态测试内容。

**1. 车辆行驶测试**

北汽 EV160 电动汽车的驱动系统主要由驱动电机系统和主减速器组成。驱动电机是整车控制器的主要执行机构，其特性决定了车辆的主要性能指标，影响车辆动力性、经济性和用户驾乘感受。驱动电机系统输出的动力通过主减速器及半轴传递到车轮上驱动车辆行驶，对车辆行驶的测试，主要测试驱动电机系统的功能是否完好。

驱动电机系统主要由电机控制器、驱动电机构成，通过高低压线束、冷却管路，与整车其他系统做电气和散热连接。整车控制器根据驾驶员意图对电机控制器发出各种指令，电机控制器响应这些指令，并实时调整驱动电机输出，以实现整车的怠速、前进、倒车、停车、能量回收及驻坡等功能。此外，电机控制器还实时进行驱动电机系统的状态和故障检测，以保护系统和整车的安全可靠运行。

北汽 E160 电动汽车驱动系统采用的驱动电机类型为永磁同步电机，这种电机具有效率高、体积小、质量小及可靠性高等优点，其内置传感器如旋转变压器、温度传感器等能够提供电机的工作信息，供电机控制器调用；电机控制器采用了三相两电平电压源型逆变器，以 IGBT（绝缘栅双极型晶体管）模块为核心，辅以驱动集成电路、主控集成电路，能够完成对输入信号的处理，并将驱动电机系统运行状态信息通过 CAN 总线传送到整车控制器。电机控制器还包含故障诊断电路，当诊断出错误时，能够产生相应的错误代码，并传送到整车控制器进行存储，供维修时调用。

在北汽 EV160 纯电动汽车中，驱动电机系统的控制主要包括车辆驱动控制和系统上下电控制。车辆驱动控制是指整车控制器根据车辆的实际运行情况（即车速、挡位、电池 SOC 值等状态信息）来决定主驱动电机输出转矩 / 功率；当电机控制器接收到整车控制器发出的转矩输出指令后，就将动力电池提供的直流电转化成三相交流电，驱动电机输出转矩，为车辆提供动力。

该系统采用基于整车 STATE 机制的控制策略，通过约束电机控制器（MCU）在整车上下电过程的各 STATE 中的应该执行的动作、需要实现的逻辑功能和允许 / 禁止诊断功能等来进行驱动电机上下电控制。驱动电机系统上下电控制主要包括低压上下电、低压自检、高压上下电、高压自检、故障诊断与上报等内容。

### 2. 车辆换挡测试

车辆换挡测试主要检测换挡旋钮旋转是否平顺以及换挡旋钮功能是否完好。北汽 EV160 纯电动汽车采用了旋钮式电子换挡机构，如图 4-3-4 所示。该机构设置了 4 个挡位，分别为 R（倒车挡）、N（空挡）、D（前进挡）、E（前进挡经济模式）。

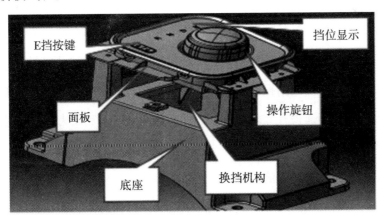

图 4-3-4　电子换挡旋钮结构

车辆运行于 D 挡或 E 挡时，能够在滑行或减速制动时进行制动能量回收；

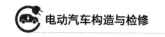

车辆运行于 E 挡位时，驾驶员可以通过换挡面板上的"E+""E-"按键进行制动能量回收强度的调节。由于制动能量回收强度直接影响整车运行效率和经济性能，故 E 挡被称作经济挡位。

电子换挡机构的正常工作电压为 9~16 V，其挡位指示部分采用半透明 PC 材料，表面喷涂钢琴漆，当控制器不工作时，无挡位显示，而控制器工作后，指示灯部位将进行挡位显示，蓝色为当前挡位，白色为未选中挡位。

在旋钮式电子换挡机构中，各个挡位在换挡器上的位置角度相差 35°。换挡过程中，此角度由旋钮轨道来实现。在正常工作状态下，R/N/D/E 四个挡位可以进行自由切换，同时仪表盘将显示对应挡位的字母。

**3. 车辆转向性能测试**

车辆转向能力直接关系车辆的行驶性能，功能完好的车辆应能够按照驾驶员意图完成车辆在行驶过程中的转向动作。北汽 EV160 纯电动汽车采用了电动助力转向（Electric Power Steering，EPS）系统，低速时转向轻便，高速时转向助力逐渐减小，路感不断增强，同时要求转向盘手感良好。

## （二）运行状态测试的方法

### 1.车辆行驶测试的方法

车辆行驶测试主要进行车辆的起步、换挡、加减速、停车等功能测试。测试时应注意，不同运行状态下，整车仪表的相应显示是否正常。车辆起步时，观察车辆起步响应是否迅速，车辆启动过程中是否出现抖动异响等情况；车辆行驶过程中，踩下加速踏板，感觉踩下踏板所需力度是否正常，以及车辆加速响应是否迅速，车速提升效果是否明显；车辆制动时，制动力是否足够，是否出现抖动异响等。

### 2.车辆换挡测试的方法

在进行车辆换挡测试时，需要注意以下几点：当选择空挡或倒挡时，需确保车辆处于静止状态；车辆静止时，要求驾驶员先踩下制动踏板才能换挡成功，若未踩下制动踏板，仪表将显示当前换挡旋钮的物理挡位并闪烁，以提示驾驶员换挡无效，此时驾驶员需要换至空挡，然后重新进行换挡操作；当选择前进挡时，需要在换挡前先踩下制动踏板，否则挡位选择将被视为无效，仪表将显示当前挡位并闪烁，此时整车不响应加速踏板的需求。

车辆换挡功能最常见的故障是在进行挡位切换时，仪表面板上不显示对应的挡位。此时，应拆下仪表面板，在车辆上电正常的状态下，用万用表分别测量插接件上的引脚电压，并与对应接口的标准电压对照。通过比较，判定换挡旋钮是否故障，若换挡旋钮出现故障，则需拆下旋钮送回厂家进行返修，若无故障，则应检查其他电器元件或线束。

**3. 车辆转向测试的方法**

在车辆转向测试中，首先应对车辆转向盘功能进行测试，检测转向盘左右转向的平顺性及转向盘旋转的极限位置。在转向盘功能完好的情况下，重点测试车辆转向系统的转向助力功能：在车辆静止时，转动转向盘，测试转向盘转动时的阻力是否过大，并观察转向轮转动位置是否合适；在道路试车过程中，在低速行驶状态下转向，检测转向时转向盘是否沉重，转向助力是否足够，转向效果是否能够满足驾驶员意图；将转向盘分别向左、右打至极限位置，检测车辆是否有转向盘抖动、转向机异响等故障。

## 五、制动能量回收

制动能量回收是现代纯电动汽车和混合动力汽车的重要技术之一，也是它们的重要特征。受动力电池技术所限，电动汽车往往存在一次充电续航里程短、电池充电时间长、电池循环寿命短及更换率高等问题，为了进一步提高能源利用效率，电动汽车依靠驱动电机反拖制动，将车辆行驶的动能储存在电动汽车的储能装置中加以回收利用。

传统的燃油汽车在制动时是将车辆的惯性能量通过制动器的摩擦转化为无法回收的热能散发到周围环境中损失掉了，从而造成了能量的浪费。对于纯电动汽车而言，由于其主要驱动部件电机具有能量转换的可逆性，即在特定条件下，电机可以转变为发电机运行，故可以在制动时将制动能量转化为电流充入储能装置，如蓄电池、超级电容等，以供车辆行驶使用，从而增加电动汽车的续航里程。通过回收部分制动能量，整车能量利用效率能够得到有效提高。

制动能量回收配合机械制动，能够提高电动汽车制动系统的安全性、灵敏性和可靠性，能够增加整车续航里程，对电动汽车具有重要意义。合理的制动能量回收不仅能够节约能源，提高能量利用效率，而且能为纯电动汽车提供辅助制动功能，提高整车制动性能。制动能量回收能够将电动汽车输出动能的15%~18%存储于储能装置，其余部分将会消耗在制动过程中。通过采用制动能量回收控制系统，纯电动汽车一次充电后的续航里程能够增加5%~10%。在需要频繁制动和起动的城市工况运行条件下，有效地回收制动能量甚至能够将电动汽车的行驶里程延长更多。丰田Prius通过制动能量回收大约能使续航里程增加20%；本田Insight通过回收的制动能量大约可以使续航里程增加30%。

### （一）制动能量回收的控制

制动能量回收又称"再生制动"，其原理是在制动时，将电动汽车行驶的惯性能量传递给电机，电机以发电方式工作，为储能装置充电，从而实现制动能量的再生利用。同时，电机以发电方式工作时产生的电机制动力矩又可以对驱动轮施加制动，产生制动力。

制动系统在设计时首先考虑的是车辆的安全性，包括快速降低车速和保持制动过程的方向稳定性。这些要求需要车辆的制动系统在各个车轮上提供足够大的制动力及分配合理的制动力。

制动能量回收的控制策略对能量回收效果及制动时的安全性和舒适性有重要影响。在电动汽车中，机械摩擦制动与电机制动同时存在，故混合制动系统可以采用多种控制策略。再生制动控制策略设计的目标是要保证汽车的制动性能和尽可能多地回收制动能量。控制策略需要解决制动力在前后轮上的分配以及机械制动力和电再生制动力的分配问题。目前应用较多的控制策略为最大制动能量回收控制策略。该策略考虑车型结构特点，充分利用地面附着条件和制动时前后轮的制动力分配特性，将制动力优先分配给驱动轮，从而实现最大化回收制动能量。

### （二）制动能量回收与机械制动的融合技术

在电动汽车中，由于机械制动与电机再生制动同时存在，因此制动性能的保证和制动能量的回收之间有不同的制动力分配要求，这就需要制动能量回收控制策略能够在机械制动和电机再生制动之间寻求合适的平衡点。

作为最重要的车辆主动安全措施，ABS 在一些国家已经属于强制要求的配置。从安全角度考虑，目前由电力驱动、有制动能量回收功能的新型动力汽车仍然保留了机械制动系统，并且绝大多数装备了 ABS。现有的 ABS 技术已较为成熟，能够保证在大制动强度或恶劣附着条件下车辆制动的稳定性。而在加入制动能量回收功能后，如何使防抱死制动效果不受影响，如何利用回馈制动的特性配合机械制动进行防抱死制动，对电动汽车的制动安全至关重要。

传统内燃机汽车的制动力全部来自制动器的摩擦，且制动操纵机构与制动器之间的连接是唯一的，这有利于保证驾驶员的制动操作与车辆的制动强度之间的关系明确且固定。当制动能量回收功能引入车辆制动系统后，车辆的制动力来源变为制动器摩擦及电机反拖两部分，而制动操作机构仍只有一个，即制动踏板，这样就涉及制动力需求在两个制动力来源之间的分配问题。由于回馈制动力来源于电驱动系统，其受动力电池、驱动电机等多方面限制，所表现出的动力学特性与机械制动条件有所不同，这也增加了制动力分配控制的难度。

目前制动能量回收控制策略可以分为两大类，即并联式能量回收控制策略和串联式能量回收控制策略。并联式能量回收控制策略保留了机械制动系统原有的特性，不做调节，并将回收制动力直接附加于机械制动力之上，其目标值（由于受电机、电池等限制，并不一定能够达成）与制动力需求形成一定比例；串联式能量回收控制策略则是通过对机械制动力进行调节，使得回收制动力与机械制动力之和满足制动力需求。

在并联式能量回收控制策略下，机械制动力随踏板行程呈线性变化，而回收制动力则根据整车制动力需求和车辆状态叠加到机械制动力之上，因此在车辆制动过程的始终，机械制动力与回收制动力都同时存在。在串联式能量回收控制策略下，当整车制动力需求小于车辆所能产生的最大回收制动力时，整车制动力完全由回收制动力提供；而当整车制动力需求大于车辆所能产生的最大回收制动力时，制动能量回收系统将提供最大回收制动力，剩余的制动力需求将由机械制动力提供。

并联式能量回收控制策略的优点是对原有机械制动系统改造较少，易于实现且成本较低；缺点是制动能量回收率低，当回收制动力发生变化时，总制动力也将发生变化，使得总制动特性不够稳定。串联式能量回收控制策略的优点是制动能量回收率较高；缺点是需要对机械制动系统进行改造，且其控制策略较为复杂，不易实现。

早期的制动能量回收技术多采用并联式控制策略，只能够实现一般意义上的能量回收功能。若从控制策略层面加大制动能量回收率，则会对驾驶员的驾驶感受造成负面影响，即制动的实际减速度与驾驶员的意图将存在较大偏差。串联式制动能量回收系统在多个典型工况下回收的能量占驱动能量的比例都能达到10%左右，效率高于并联式制动能量回收系统。克莱斯勒汽车公司的EVan Boberg针对电机在变速器输入端耦合的混合动力系统提出的制动耦合控制逻辑，即尽可能由电机进行制动能量回收，剩余制动力由机械制动补充，就是典型的串联式制动能量回收控制策略。

### （三）保护功能

电动汽车整车控制器的保护功能主要是从系统控制层面对关系到车辆及驾驶员安全的功能、故障等进行有效处理，以保障车辆正常运行及驾驶员安全。电动汽车整车控制器的保护功能主要分为功能类保护和故障类保护两大类。功能类保护主要是指整车控制器对关系到车辆行驶安全的功能能够进行妥善控制，如防溜车控制、充电过程保护控制等；故障类保护是指整车控制器对车辆运行状态进行实时诊断，对出现的故障进行预警和应急处理，以保证整车在安全要求范围内的可使用性。

### 1. 功能类保护

（1）防溜车控制

当车辆在坡道上起步时，在驾驶员从松开制动踏板到踩下加速踏板的过程中，车辆可能会出现向后溜车的现象。此外，车辆在坡道行驶过程中，当驾驶员踩下加速踏板的深度不够，导致驱动力不足时，车辆也会出现车速逐渐降到零然后向后溜车的现象。溜车现象产生的最主要原因是车辆驱动力不足以克服车辆在坡道上受到的自身重力及车轮与地面之间摩擦力的合力。为了防止车辆在坡道上向后溜车，在纯电动汽车整车控制策略中需要增加防溜车控制功能。北汽 EV160 纯电动汽车的整车控制策略就具备防溜车控制功能。

整车控制器首先判断车辆是否允许进行防溜车控制，并对电机控制器输出转矩与车速状态进行对比判断，当发现车辆出现溜车现象时，整车控制器将命令电机控制器适当加大电机转矩，进而控制整车车速，从而防止溜车现象的出现。防溜车控制功能可以保证整车在坡上起步时，向后溜车距离小于 10 厘米；整车在上坡行驶过程中如果动力不足，则整车车速会慢慢降到零，然后保持零车速，不再向后溜车。

（2）充电过程保护控制

在为动力电池充电时，整车控制器将与电池管理系统共同控制充电过程中的充电功率。整车控制器在此处的主要功能是：在接收到充电信号后，禁止整车高压系统上电，以保证车辆在充电状态下处于行驶锁止状态。

此外，整车控制器将实时监控动力电池状态信息，配合电池管理系统合理控制充电功率，以保护动力电池，避免出现过充电现象。对应于充电过程对动力电池的保护控制，在车辆实际运行过程中，整车控制器也将实时监控动力电池状态信息，以避免动力电池出现过放电现象。

（3）高压上下电保护控制

在驾驶员使用车辆过程中，整车控制器将根据驾驶员对行车开关的操作，进行动力电池高压接触器的开关控制，完成高压设备电源通断和预充电控制。这样能够做到当整车只有低压用电需求时，高压系统处于断电状态，以保护用

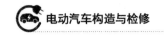

电器及人员的安全。

此外，整车控制器还将根据各用电器的用电需求，协调控制各相关部件的上电与下电流程，包括电机控制器、电池管理系统等部件的供电，预充电继电器、主继电器的吸合和断开时间等。有序的上下电流程能够保证高压系统稳定工作，并避免高压上下电的瞬时电流过大导致用电设备损坏。

**2. 故障类保护**

在车辆上电后，无论车辆是处于静止状态还是运行状态，整车控制器都将连续监视整车电控系统，对系统实时出现的故障进行诊断，并及时进行相应安全保护处理；根据传感器的输入信号及其他通过CAN总线通信得到的驱动电机、动力电池、车载充电机等状态信息，对各种故障进行判断、等级分类、报警显示，并实时存储故障码，供维修人员维修车辆时查看。

通过对故障进行分级处理，能够有效保证车辆的正常运行和整车安全。整车控制器通过显示系统，能够对各级故障进行显示，提醒驾驶员及时处理。例如，当空调压缩机电流过大时，整车控制器将断开空调压缩机供电电路，以对空调系统进行保护；在进行车辆换挡控制时，当整车控制器检测到驾驶员换挡误操作时，将不解读驾驶员的换挡意图，同时会通过仪表灯提示驾驶员，使驾驶员迅速做出纠正。

**3. 高压互锁**

高压互锁回路（High Voltage Interlock，HVIL）利用电气小信号来检测整个高压产品（包括导线、插接器及护盖在内的电器）的完整性和连续性，并能够在互锁回路异常断开时，及时断开高压电。高压互锁回路的功能如下：

（1）在高压上电前，确保整车高压系统的完整性，使高压处于一个封闭的环境，提高整车安全性功能。

（2）在车辆运行过程中，若高压系统回路断开或者完整性受到破坏，则高压互锁装置需能够及时启动安全防护功能。

（3）防止带电插拔高压插接器对高压端子造成拉弧损坏。

高压互锁功能的测试可以配合显示仪表进行：通过拔下高压系统某一部件

的插接器，观察显示仪表是否进行整车高压故障报警，然后连接该插接器，观察故障报警是否消失。

## 六、实践操作

### （一）实践项目

北汽 EV160 纯电动汽车非正常换挡操作。

### （二）实践目的

通过实践操作，学习在车辆行驶过程中，驾驶员非正常换挡操作后整车控制器对于车辆的控制。

### （三）实践车辆

北汽 EV160 电动汽车（含有四块车轮挡块）。

### （四）操作步骤

（1）打开车门，驾驶员上车。

（2）关闭车门，系好安全带。

（3）驾驶员踩下制动踏板，松开手刹。

（4）将启动开关置于 ON 挡位。

（5）将电子换挡旋钮由 N 挡位旋至 D 挡位。

（6）逐渐松开制动踏板，车辆开始行驶，踩下加速踏板加速车辆。

（7）在车辆正常前进过程中，将换挡旋钮从 D 挡位旋至 R 挡位。

（8）车速逐渐下降，倒车影像与倒车雷达逐步开始工作，然后车辆向后行驶。

### （五）实践结论

通过实践操作能够发现，当驾驶员进行非正常换挡操作时，车辆受整车控制器控制，将不会立刻按照错误的操作工作，而是按照正常工作流程完成驾驶员意图的解读。由此可以看出，整车控制器对车辆行驶的安全性也具有重要意义。

# 第四节　整车通信

在汽车电子技术不断发展的今天，汽车电子化程度越来越高，汽车电子系统形成了一个复杂的大系统。电动汽车更是如此，动力电池管理、驱动电机控制、充电控制、制动控制、制动能量回馈控制、转向控制、空调控制等形成了一个相当庞大的控制系统。

这些系统除了各自的电源、传感器和执行器外，还需要互相通信，且信息传输量很大。如果采用传统的线控方式，那么连接线束将急剧增加，甚至数量庞大至系统硬件难以承受。为此，纯电动汽车各系统之间多采用总线技术进行通信。目前常采用的总线是 CAN 总线。

CAN 总线又称为汽车总线，全称为"控制器局域网（Controller Area Network）"，即区域网络控制器，它将区域内的单一控制单元以某种形式连接在一起，形成一个系统。在这个系统内，以一种大家都认可的"语言"来交流沟通，这种"语言"便是数据传输协议。CAN 总线最早是由 Bosch 公司和 Inter 公司合作开发，目的就是解决汽车上众多电子控制单元之间数据的传输问题，它是数据交换的一种串行通信协议。

## 一、整车网络

整车网络通常可以分为两大部分，一部分是面向动力电池、电机控制器、车载充电机、DC/DC 等高压部件，可以称为动力 CAN；另一部分是面向仪表、显示屏、车载终端、空调控制面板等低压控制系统，可以称为舒适 CAN。除此之外，纯电动汽车整车网络还有一些附加网络，如面向快充的 CAN、面向动力电池内部的 CAN，面向制动 / 转向的 ESC 网络等。总之，在纯电动汽车控制系统中，主要包括 4 个节点，即主控制器 ECU、电机控制 ECU、电池管理系统 BMS 及 CAN 总线控制单元。

主控制器 ECU 相当于纯电动汽车的大脑，它起到控制全局的作用，主控制器 ECU 接受汽车上传感器的信息，通过 A/D 转换后计算，编码为 CAN 报文，发送到总线上控制其他节点工作，同时，将一些整车相关的信息（车速、电池SCO、踏板位置、电池状态、门锁信息）在组合仪表上显示出来。其中最核心的就是通过传感器的输入值与系统当前状态及汽车工况等条件计算出合适的电机扭矩值，通过 CAN 总线发送到电机控制系统，指挥电机正确工作。另外，主控制器 ECU 还控制主继电器的开关，使得整个系统上电和断电，行业有的把这些集成在 VCU 里面。

电机控制 ECU 相当于纯电动汽车的四肢，它的主要工作是将主控制器发送的扭矩值转为输入值，采用双闭环控制来调速电机，使电机工作在需要的转速下，根据电动机的温度变化控制电动机的冷却水泵和冷却风扇，从而有效地调节电机温度。

纯电动汽车的电池是由几十块单体电池成组供电的，并能保证在不供电时电池不成组，每块电池的电压不超过 5 V，这样由于单个电池的性能差异，就需要在电池充放电过程中均衡电压，保证电池性能，这个由 BMS 电池管理系统来控制。BMS 等同于电动汽车血液循环的心脏，电池为血液循环及能量系统。

## 二、CAN总线组成

既然 CAN 总线是一个系统，那么这个系统是如何构成的呢？ CAN 总线主要由导线、控制器、收发器和终端电阻四部分组成。其中导线为由两根普通铜导线绞在一起的双绞线；收发器负责接收和发送网络上共享的信息；控制器的作用是对收到和发送的信号进行翻译；电阻是阻止 CAN 总线信号产生对变化电压的反射，当电阻出现故障，控制单元的信号将会无效。

## 三、CAN总线特点

### （一）整体结构特点

CAN 为多主工作方式，即每个节点均可以主动发送信息，没有主从之分。这个网络上的任意节点都可以在任意时刻主动地向网络上的其他节点发送信息，完全自主独立。

### （二）信息内容分等级

CAN 网络上的信息分为不同的优先级，可以满足汽车上不同操作的实时要求。高优先级的信息最快可以在 134 秒内送达。

### （三）非破坏性仲裁技术

当多个节点向总线发送信息时，优先级低的节点会主动退出发送，优先级高的节点的信息可以不受影响地继续传输。

### （四）报文滤波器实现信息传递

通过报文滤波就可以实现点对点、一点对多点及全局广播等几种方式的数据传输和接收，不需要专门协调调度。

### （五）传输介质

CAN 的通信介质为双绞线、同轴电缆或光纤，可选择性多。

基于以上特点，CAN 总线有系统数据稳定可靠、线间干扰小、抗干扰能力强等特点，同时 CAN 总线专为汽车量身定做，可以承受住汽车在恶劣的环境工作。

## 四、CAN总线功能

电动汽车整车控制系统中采用的是 CAN 总线通信方式，主要由内部高速 CAN 网络、内部低速 CAN 网络和充电系统 CAN 网络组成。

### （一）内部高速CAN网络

内部高速 CAN 网络连接的设备主要有电池管理系统、电机控制器、车载显示系统等实时性要求很高的设备。

### （二）内部低速CAN网络

内部低速 CAN 网络连接的设备有灯光控制器、空调控制器、车门及车窗控制器等对实时性要求相对较低的设备。

### （三）充电系统CAN网络

充电系统 CAN 网络是专门用于车载充电机 / 充电桩与电池管理系统之间通信的高速 CAN 网络。它采用的是扩展数据帧格式，连接的设备有交 / 直流充电桩、车载充电机、电池管理系统和监控设备等。在充电系统中，交 / 直流充电桩是电动汽车整车之外的设备，只有电动汽车在充电站充电时才会通过专用电缆将其接入到充电网络中。而车载充电机一直与充电通信网络连接，是整车系统的一部分。

在整个CAN通信网络中直流充电桩与车载充电机两个设备之间并不会进行信息交换。它们分别只与电池管理系统进行通信，所以电池管理系统表现出来的是一对多的通信特点。

车载充电机 CAN 通信协议包括 4 个流程，分别是充电握手阶段、参数配置阶段、充电阶段和充电结束 4 个阶段。

**1. 握手阶段**

主要是完成电池管理系统对充电设备的识别。此阶段主要是确定接入的设备是车载充电机还是直流充电桩（非车载充电），以便选择对应的通信协议，为充电主回路的接通做好铺垫。

**2. 参数配置阶段**

当电池管理系统接收到应答设备为车载充电机，且充电机不是初次使用时，通信过程会直接进入下一阶段（参数配置），而不再进行信息互换。这是因为车载充电机安装在电动汽车上，所以不必每次都将设备信息发送给电池管理系统。只需在初次使用时或恢复出厂设置后进行一次设备信息的互换，这有助于充电过程的快速建立。

**3. 充电阶段**

主要是完成主回路的导通，为电池充电。硬件系统为车载充电系统配备了继电器，用来通断电路。当车载充电机接入系统时，电池管理系统控制继电器闭合，使主回路导通，实现电池组充电。在充电完成时，电池管理系统控制继电器断开主电路部分。在电动汽车充电系统中，信息帧的完善与否直接关系到

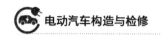

充电系统的安全性和可靠性。由于车载充电机安装在电动汽车上，所以安全监控更为重要。在原有通信协议的基础上，电动汽车充电系统协议需要增加更多的安全监控帧，以确保人员和设备的安全。

比如，BMS与车载充电机之间的信息传递都需要等待接收判断。如果对方长时间没有收到通信数据，则系统超时，通信失败。如果系统在规定时间内收到对方信息，则通信继续进行。BMS和车载充电机的异常判断分别由各自的控制器完成。电池管理系统的异常判断主要有电池组过流检测、过/欠压检测、过高温/低温检测等。车载充电机的异常判断主要有输入过/欠压检测、输出过流检测、短路保护检测、过温检测、主回路继电器状态检测等。

4. 充电结束

电动汽车在终止或者充电完成时，电池管理系统和车载充电机会互相发送停止充电报文。报文内容记录了充电是因为何种原因停止的。如果正常充电完成，报文将会显示当前没有设备报错，充电正常结束。

目前市场上车载充电机大多采用CAN 2.0高速通信，实现了与电池管理系统之间的高速智能通信，其不仅可以智能判断电池连接状态是否正确，还可以获取电池系统参数，以及充电前和充电过程中整组与单体电池的实时数据，同时具备与车辆监控系统通信功能，智能上传车载充电机的工作状态、工作参数和故障告警信息，以及接收启动充电和停止充电的控制命令。

车载充电机除了具备智能通信功能之外，还具有完备的安全防护功能，比如输入过压保护、输入欠压告警、输出过流保护、短路保护等。在充电过程中，还可以保证电池的温度和充电电流与电压不超过允许值，并且根据电池管理系统的电池信息动态智能调整充电电流，自动判断充电连接器是否连接正确。

## 五、2019款比亚迪E5 CAN总线网络分析

2019款比亚迪E5 CAN总线网络分析如图4-4-1所示。

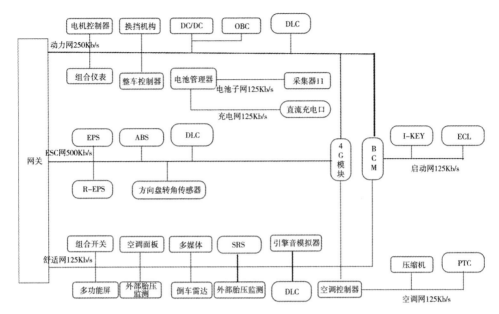

图 4-4-1　2019 款比亚迪 E5 CAN 总线网络

2019 款比亚迪 E5 CAN 总线网络主要包括 7 个网络：

## （一）动力网包含的控制模块

电机控制器 MCU、换挡机构、组合仪表、整车控制器 VCU、充配电总成
（DC/DC 转换器、车载充电机 OBC）、诊断座 DLC、4G 模块、车身电脑 BCM。
其传输速率为 250 kbit/s，终端电阻（120 Ω）分别在网关和电池管理器模块中。

## （二）ESC网包含的控制模块

电子手刹 EPB、防抱死制动系统 ABS、齿轮式转向助力 R-EPB、方向盘转
角传感器、诊断座 DLC、4G 模块。其传输速率为 500 kbit/s，终端电阻分别在网
关和 ABS 模块中。

## （三）舒适网包含的控制模块

组合开关、空调面板、多媒体、安全气囊 SRS、引擎音模拟器、多功能屏、
玻璃升降开关、倒车雷达、外部胎压监测、空调控制器、诊断座 DLC、4G 模
块、车身电脑 BCM。其传输速率为 125 kbit/s，终端电阻分别在网关和车身电脑

BCM 模块中。

### （四）电池子网包含的控制模块

电池管理器、11 个电池信息采集器。其传输速率为 125 kbit/s，终端电阻分别在电池管理器和 11 个采集器模块中。

### （五）充电网包含的控制模块

电池管理器、直流充电口。其传输速率为 125 kbit/s，终端电阻分别在电池管理器模块中。

### （六）启动子网包含的控制模块

车身电脑 BCM、智能钥匙 I–KEY、转向轴锁 ECL。其传输速率为 125 kbit/s，终端电阻分别在车身电脑 BMC 和智能钥匙 I–KEY 模块中。

### （七）空调子网包含的控制模块

空调控制器、压缩机、空调加热模块 PTC。其传输速率为 125 kbit/s，其终端电阻分别在网关和压缩机模块中。

# 第五章　辅助系统

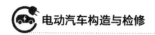

# 第一节　空调系统

### 一、空调制冷系统概述

空调（Air Condition，A/C）即空气调节，是指在封闭的空间内，对空气温度、相对湿度、流速及空气的清洁度进行部分或全部调节的过程，目的是将车内空间的环境调整到人体最适宜的状态，为驾驶员创造良好的劳动条件和工作环境，以提高驾驶员的劳动生产率和行车安全。

在空调的主要零部件选用上，目前国内的电动汽车除了压缩机和控制模式，其他主要零部件还是沿用燃油汽车空调的零部件，冷凝设备主要用的是平行流冷凝器，蒸发设备主要用的是层叠式蒸发器，节流装置仍然是热力膨胀阀，制冷剂仍然是 R134a。

### 二、空调制冷系统组成

根据系统所用的膨胀元件，空调制冷系统可以分为循环离合器膨胀阀系统和循环离合器孔管系统。

循环离合器膨胀阀系统主要由压缩机、冷凝器、膨胀阀、蒸发器、储液干燥器、空调压力开关、制冷管路、鼓风机、冷凝器散热风扇等部件组成。

循环离合器孔管系统主要由压缩机、冷凝器、积累器、孔管、蒸发器和冷凝器散热风扇等组成，节流装置采用孔管，过滤装置采用积累器。

### 三、空调制冷系统工作原理

在系统工作时，压缩机将蒸发器所产生的低温低压制冷剂蒸气吸入汽缸内，经压缩机压缩，压力升高（温度也升高）到稍大于冷凝器内的压力时，将其汽缸内的高压制冷剂蒸气排到冷凝器中。

在冷凝器内高温高压的制冷剂蒸气与温度较低的空气（或常温水）进行热交换而冷凝为液态制冷剂，这时液态制冷剂经过膨胀阀降温（降压）后入蒸发器，在蒸发器内吸收被冷却物体的热量后再汽化。这样被冷却物体便得到冷却而制冷剂蒸气又被压缩机吸走，因此在制冷系统中经过压缩、散热、节流、吸热四个过程完成一个循环。

### （一）压缩过程

压缩机吸入蒸发器出口处低温低压的制冷剂气体，把它压缩成高温高压的气体排出压缩机。

### （二）散热过程

高温高压的过热制冷剂气体进入冷凝器，由于压力及温度的降低，制冷剂气体冷凝成液体，并排出大量的热量。

### （三）节流过程

温度和压力较高的制冷剂液体通过膨胀装置后体积变大，压力和温度急剧下降，以雾状（细小液滴）排出膨胀装置。

### （四）吸热过程

雾状制冷剂液体进入蒸发器，因此时制冷剂沸点远低于蒸发器内温度，故制冷剂液体蒸发成气体。在蒸发过程中大量吸收周围的热量，而后低温低压的制冷剂蒸气又进入压缩机，上述过程周而复始地进行，达到降低蒸发器周围空气温度的目的。

## 四、电动压缩机

电动压缩机工作时，电流从动力电池正极通过动力电池正极接触器、高压盒中的电动压缩机熔断器到压缩机驱动控制模块，通过动力电池负极接触器回到

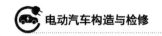

动力电池负极，将压缩机驱动控制模块直流电变为三相交流电驱动电动压缩机。

大多数电动汽车采用电动涡旋压缩机，电动涡旋压缩机主要由高低压插接件、驱动控制模块、直流无刷电机和涡旋压缩机组成。涡旋式压缩机由固定涡管和旋转涡管组成，两涡管相切，相互啮合形成一组月牙形空间。

随着旋转涡管的旋转，月牙形空间逐步移动，容积越来越小，通过吸入口吸入的制冷剂被压缩，直至从排出孔排出。如此周而复始完成吸气、压缩、排气工作过程，整个过程是连续的。理论上，涡旋圈数愈多，动作愈平稳，效率愈高。实际应用中，为了防止过压缩和受直径限制，一般汽车空调涡旋压缩机的涡旋圈数为 2.5~3 圈。

涡旋式压缩机体积小、重量轻、零部件少、噪声小，是一种相对新型的压缩机技术，主要应用于空调、热泵等领域。涡旋式压缩机的绝热效率、容积效率等相较于传统构型的压缩机提升 10%~20%，正是由于这些特点，涡旋式压缩机也成为当前新能源汽车市场的主流选择。

我国是目前世界上第二大涡旋压缩机销售市场，相关数据显示，2021 年我国涡旋压缩机销售量约为 468.75 万台，全球占比 27.90%。随着我国电动汽车产业的不断发展，电动汽车的产销量不断提升，涡旋式压缩机的市场规模或将进一步扩大。

## 五、膨胀阀

热力膨胀阀又称节流阀，是汽车空调制冷系统中的四大部件（蒸发器、压缩机、冷凝器和膨胀阀）之一。它通过蒸发器出口的感温元件感知制冷剂蒸汽的过热度，调节膨胀阀的开度，从而调节液态制冷剂进入蒸发器的流量。

## 六、空调制冷系统的控制

A/C ECU 控制电空调压缩机转速，VCU 控制冷却风扇的转速。A/C ECU 还具有控制空调箱上的伺服电机、鼓风机速度、空气温度和空气分配的功能。

### （一）进气方式控制

按下控制面板空气循环模式按键或 LCD 空调系统界面的车内循环模式触摸键时，LCD 空调系统界面中的内循环模式触摸键高亮，循环控制电机带动空调箱总成中的控制风门，以关闭新鲜空气进气口，打开循环空气进气口。再按下循环控制开关或 LCD 空调系统界面中的外循环模式触摸键时，内循环模式触摸键图标高亮消失，同时外循环模式触摸键高亮；然后，循环控制电机转动暖风机总成中的控制风门，以打开新鲜空气进气口，关闭循环空气进气口；循环控制电机控制风门切换到外循环模式。

### （二）鼓风机速度控制

鼓风机控制模块将鼓风机的电源输出端连接到不同的接地端，从而产生相应不同的鼓风机运行电压。鼓风机控制模块最多可提供整个蓄电池电压给鼓风机，使其以最大速度运行。

### （三）空气温度控制

按下控制面板升温按键、降温按键或 LCD 空调系统界面的升温触摸键、降温触摸键时，可以操纵暖风机总成上的暖风机混合风门伺服电机，同时可以控制电空调压缩机或空调箱加热模块。混合风门改变流经空调箱和空调箱加热模块芯体的空气比例。

### （四）空气分配控制

按下控制面板空气分配模式按键或 LCD 空调系统界面上的 4 个相应触摸键，以操纵风门伺服电机转动空调箱总成中的空气分配风门来引导空气进入乘客舱周围相应的出风口。

## 七、空调暖风系统

汽车空调暖风系统是汽车冬季行驶时供车内取暖的设备总称。暖风系统可将新鲜空气或液体介质送入热交换器，吸收其中某种热源的热量，从而提高空气或液体介质的温度，并将热空气或被加热的液体送入车内，直接或通过热交换器，提高车内环境温度；当车上玻璃结霜或结雾时，可以输送热风来除霜或除雾，达到舒适性和安全性的要求。

### （一）空调暖风系统的作用

（1）加热器和蒸发器一起将冷热空气调节到人体所需要的舒适温度。现代汽车空调已经发展到冷暖一体化的水平，可以全年对车厢内的空气温度进行调节。

（2）冬季取暖。冬天由于天气寒冷，人在行驶的汽车内会感到更寒冷。这时，汽车空调可以向车内提供暖气，以提高车厢内的温度，使乘员感觉舒适。

（3）车上玻璃除霜。冬季或者春秋季，室内外温差较大，车上玻璃会结霜或起雾，影响司机和乘客的视线，不利于行车安全，这时可以用热风除霜或除雾。

### （二）电动汽车的暖风系统

#### 1.热泵式空调暖风系统

电动汽车热泵式空调暖风系统主要由压缩机、单向阀、四通换向阀、节流装置（双向热力膨胀阀）、室内换热器、室外换热器和气液分离器等组成。

由传动带驱动的直流无刷电动机的电动汽车热泵式空调系统工作原理如图5-1-1所示。

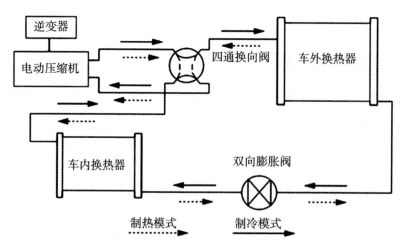

图 5-1-1　电动汽车热泵式空调系统

空调系统的制冷/制热模式由四通换向阀转换，实线箭头代表制冷工况，虚线箭头代表制热工况。从原理上讲，该系统与普通的热泵空调并无区别，但是用于电动汽车上，其专门开发了双工作腔滑片压缩机、直流无刷电动机和逆变器调节系统。在热泵工况下，该系统从融霜模式转为制热模式时，风道内换热器上的冷凝水将迅速蒸发，在风窗玻璃上结霜，影响行驶安全。

制热模式下，从压缩机出口排出的高温高压制冷剂气体经单向阀、四通换向阀进入室内换热器，向车内空气放热以达到提升车厢内温度的目的，制冷剂放热后冷凝为低温高压的制冷剂液体，流经双向热力膨胀阀进行节流降压，节流后的制冷剂蒸汽进入室外换热器与室外空气进行热交换，吸热后从室外热交换器排出的低温低压制冷剂经四通换向阀、气液分离器被压缩机吸入气缸，进入下一个制热循环。

### 2. PTC 加热器

PTC（Positi Ve Temperature Coefficient，正温度系数）加热器是采用 PTC 热敏电阻元件作为发热源的一种加热器。PTC 热敏电阻一般情况下是用半导体材料制成的，它的电阻随温度变化而急剧变化，当外界温度下降，PTC 电阻值随之减小，发热量反而会相应增加。其按材质又分陶瓷 PTC 热敏电阻和有机高分子 PTC 热敏电阻。用于空调辅助电加热器的是陶瓷 PTC 热敏电阻。因为 PTC 热敏电阻元件具有上述特性，所以 PTC 加热器具有节能、恒温、安全和使用周期长等特点。

### 3. 余热 + 辅助 PTC

余热即借助于大功率器件（功率变换、驱动电机、电机调节器等）工作时产生的热量，与车里面环境做热交换。当热量不足时，则启用辅助 PTC 加热器。

空调辅助电加热器能包括粘接式陶瓷 PTC 加热器和金属 PTC 管状加热器。粘接式陶瓷 PTC 加热器是将多个陶瓷 PTC 芯片及铝波纹散热片用耐高温树脂胶粘接在一块的加热器，其散热性好、电气性能稳定。其中粘接式陶瓷 PTC 加热器又包括加热器表层带电型和加热器表层不带电型。

金属 PTC 管状加热器使用镍铁合金丝为发热材料，发热管外镶铝散热片，

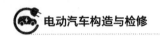

散热效果好。加热器配用温度调节器和热熔断器,使产品使用更安全可靠。这种加热器具有 PTC 材料的良好特性,电动汽车空调大多使用此类加热器辅助加热。

# 第二节　电控助力转向系统

电动助力转向系统（Electric Power Steering,缩写 EPS）是一种直接依靠电机提供辅助扭矩的动力转向系统,与传统的液压助力转向系统 HPS（Hydraulic Power Steering）相比,EPS 系统具有很多优点。EPS 主要由扭矩传感器、车速传感器、电动机、减速机构和电子控制单元（ECU）等组成。

## 一、电动助力转向系统发展历史

在汽车的发展历程中,转向系统经历了四个发展阶段:从最初的机械式转向系统（Manual Steering,简称 MS）发展为液压助力转向系统（Hydraulic Power Steering,简称 HPS）,然后又出现了电控液压助力转向系统（Electro Hydraulic Power Steering,简称 EHPS）和电动助力转向系统（Electric Power Steering,简称 EPS）。

装配机械式转向系统的汽车,在泊车和低速行驶时驾驶员的转向操纵负担过于沉重,为了解决这个问题,美国 GM 公司在 20 世纪 50 年代率先在轿车上采用了液压助力转向系统。但是,液压助力转向系统无法兼顾车辆低速时的转向轻便性和高速时的转向稳定性,因此在 1983 年日本 Koyo 公司推出了具备车速感应功能的电控液压助力转向系统。这种新型的转向系统可以随着车速的升高提供逐渐减小的转向助力,但是结构复杂、造价较高,而且无法克服液压系统自身所具有的许多缺点,是一种介于液压助力转向和电动助力转向之间的过渡产品。到了 1988 年,日本 Suzuki 公司首先在小型轿车 Cer Vo 上配备了 Koyo 公司研发的转向柱助力式电动助力转向系统;1990 年,日本 Honda 公司也在运动型轿车 NSX 上采用了自主研发的齿条助力式电动助力转向系统,从此揭开了电动助力转向系统在汽车上应用的历史。

## 二、助力转向系统分类

我们常见的助力转向系统有机械液压助力、电子液压助力、电动助力三种。

### （一）机械液压助力

机械液压助力是最常见的一种助力方式，它诞生于 1902 年，由英国人 F.W. 兰彻斯特发明，而最早的商业化应用则推迟到了半个世纪之后，1951 年克莱斯勒把成熟的液压转向助力系统应用在了 Imperial 车系上。由于该技术成熟可靠，而且成本低廉，得以被广泛普及。

机械液压助力系统的主要组成部分有液压泵、油管、压力流体控制阀、V 型传动皮带、储油罐等。这种助力方式是将一部分发动机动力输出转化成液压泵压力，对转向系统施加辅助作用力，从而使轮胎转向。

### （二）电子液压助力

由于机械液压助力需要大幅消耗发动机动力，所以人们在机械液压助力的基础上进行改进，开发出了更节省能耗的电子液压助力转向系统。这套系统的转向油泵不再是由发动机直接驱动，而是由电动机来驱动，并且在之前的基础上加装了电控系统，使得转向辅助力的大小不光与转向角度有关，还与车速相关。机械结构上增加了液压反应装置和液流分配阀，新增的电控系统包括车速传感器、电磁阀、转向 ECU 等。

### （三）电动助力

EPS 就是英文 Electric Power Steering 的缩写，即电动助力转向系统。电动助力转向系统是汽车转向系统的发展方向。该系统由电动助力机直接提供转向助力，省去了液压动力转向系统所必需的动力转向油泵、软管、液压油、传送带和装于发动机上的皮带轮，既节省了能量，又保护了环境。另外，其还具有调整简单、装配灵活以及在多种状况下都能提供转向助力的特点。

根据助力电机的安装位置不同，EPS 系统又可以分为转向轴助力式、齿轮助力式、齿条助力式三种。转向轴助力式 EPS 的电动机固定在转向轴一侧，通过减速机构与转向轴相连，直接驱动转向轴助力转向。齿轮助力式 EPS 的电动

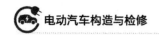

机和减速机构与小齿轮相连，直接驱动齿轮助力转向。齿条助力式 EPS 的电动机和减速机构则直接驱动齿条提供助力。

驾驶员在操纵方向盘进行转向时，转矩传感器检测到转向盘的转向以及转矩的大小，将电压信号输送到电子控制单元，电子控制单元根据转矩传感器检测到的转矩电压信号、转动方向和车速信号等，向电动机控制器发出指令，使电动机输出相应大小和方向的转向助力转矩，从而产生辅助动力。汽车不转向时，电子控制单元不向电动机控制器发出指令，电动机不工作。

## 三、电动助力转向系统工作原理

EPS 的基本原理是：转矩传感器与转向轴（小齿轮轴）连接在一起，当转向轴转动时，转矩传感器开始工作，把输入轴和输出轴在扭杆作用下产生的相对转动角位移变成电信号传给 ECU，ECU 根据车速传感器和转矩传感器的信号决定电动机的旋转方向和助力电流的大小，从而完成实时控制助力转向。因此它可以很容易地实现在车速不同时提供电动机不同的助力效果，保证汽车在低速转向行驶时轻便灵活，高速转向行驶时稳定可靠。

电动助力转向系统是在传统机械转向系统的基础上发展起来的。它利用电动机产生的动力来帮助驾驶员进行转向操作，系统主要由三大部分构成，信号传感装置（包括扭矩传感器、转角传感器和车速传感器），转向助力机构（电机、离合器、减速传动机构）及电子控制装置。电动机仅在需要助力时工作，驾驶员在操纵转向盘时，扭矩转角传感器根据输入扭矩和转向角的大小产生相应的电压信号，车速传感器检测到车速信号，控制单元根据电压和车速的信号，给出指令控制电动机运转，从而产生所需要的转向助力。

## 四、电动助力转向系统的特点

液压助力转向系统发展了半个多世纪，技术已相当成熟。随着汽车微电子技术的发展，对汽车节能性和环保性要求不断提高，该系统存在的耗能、对环境可能造成的污染等固有不足已越来越明显，不能完全满足时代发展的要求。

电动助力转向系统将最新的电力电子技术和高性能的电机控制技术应用于汽车转向系统，能显著改善汽车动态性能和静态性能，提高行驶中驾驶员的舒适性和安全性，减少环境污染。因此，该系统一经提出，就受到许多大汽车公司的重视，并进行开发和研究。未来的转向系统中电动助力转向系统将成为转向系统主流。与其他转向系统相比，该系统突出的优势体现在以下几方面。

### （一）降低了燃油消耗

液压动力转向系统需要发动机带动液压油泵，使液压油不停地流动，浪费了部分能量。与之相反，电动助力转向系统（EPS）仅在需要转向操作时才需要电机提供能量，该能量可以来自蓄电池，也可来自发动机，而且能量的消耗与转向盘的转向及当前的车速有关。当转向盘不转向时，电机不工作，需要转向时，电机在控制模块的作用下开始工作，输出相应大小及方向的转矩以产生助动转向力矩，并且该系统在汽车原地转向时输出最大转向力矩，随着汽车速度的改变，输出的力矩也跟随改变，真正实现了"按需供能"。汽车在较冷的冬季启动时，传统的液压系统反应缓慢，直至液压油预热后才能正常工作。由于电动助力转向系统设计时不依赖于发动机而且没有液压油管，对冷天气不敏感，系统即使在 –40℃时也能工作，所以提供了快速的冷启动。由于该系统没有启动时的预热，节省了能量，不使用液压泵，避免了发动机的寄生能量损失，提高了燃油经济性。装有电动助力转向系统的车辆和装有液压助力转向系统的车辆对比实验表明，在不转向情况下，装有电动助力转向系统的车辆燃油消耗降低2.5%，在使用转向情况下，燃油消耗降低 5.5%。

### （二）增强了转向跟随性

在电动助力转向系统中，电动助力机与助力机构直接相连，可以使其能量直接用于车轮的转向。该系统利用惯性减振器的作用，使车轮的反转和转向前轮摆振大大减小，因此转向系统的抗扰动能力大大增强。和液压助力转向系统相比，其旋转力矩产生于电机，没有液压助力系统的转向迟滞效应，增强了转向车轮对转向盘的跟随性能。

### （三）改善了转向回正特性

当驾驶员使转向盘转动一角度后松开时，该系统能够自动调整使车轮回到正中。该系统还可以让工程师们利用软件在最大限度内调整设计参数以获得最佳的回正特性。从最低车速到最高车速，可得到一簇回正特性曲线。通过灵活的软件编程，容易得到电机在不同车速及不同车况下的转矩特性，这种转矩特性使得该系统能显著地提高转向能力，提供与车辆动态性能相匹配的转向回正特性。而在传统的液压控制系统中，要改善这种特性必须改造底盘的机械结构，这实现起来有一定困难。

### （四）提高了操纵稳定性

通过对汽车在高速行驶时过度转向的方法测试汽车的稳定特性。采用该方法，给正在高速行驶（100千米/时）的汽车一个过度的转角迫使其侧倾，在短时间的自回正过程中，由于采用了微电脑控制，汽车具有更高的稳定性，驾驶员有更舒适的感觉。

### （五）提供可变的转向助力

电动助力转向系统的转向力来自电机，通过软件编程和硬件控制，可得到覆盖整个车速的可变转向力。可变转向力的大小取决于转向力矩和车速，无论是在停车、低速还是高速行驶时，它都能提供可靠的稳定性和令人舒适的车感，更易于操作。

对于传统的液压系统，可变转向力矩获得非常困难而且费用很高，要想获得可变转向力矩，必须增加额外的控制器和其他硬件。但在电动助力转向系统中，可变转向力矩通常写入控制模块中，通过对软件的重新编写就可获得，并且所需费用很少。

电动助力转向系统没有液压系统所需要的油泵、油管、流量控制阀、储油罐等部件，零件数目大大减少，减轻了装配的工作量，节省了装配时间，提高了装配效率。

总之，未来电动助力转向系统必将取代现有的机械转向系统、液压助力转向系统和电控制液压助力转向系统。

# 第三节　制动系统

车辆控制系统中，刹车系统优先级是最高的。当我们踩下制动踏板时，踏板下的行程传感器将会检测到此时踏板的动作信号，VCU（整车控制器）接收到刹车信号后，会切断动力输出，从而进入制动程序。由真空罐提供真空度，为真空助力器提供助力，推动刹车总泵内部的活塞进行制动液压缩，经由 ABS（防抱死系统）进行制动力分配，此时四个车轮刹车分泵内的制动液接收到不同的制动压力，使刹车片向刹车盘施加不同的摩擦力，从而使车辆进行刹车动作。

当我们完成刹车动作松开刹车踏板时，VCU 会检测到真空罐内真空度不足的信号，此时 VCU 会向电动真空泵发送启动信号，由电动真空泵为真空罐进行抽真空，为下次刹车做准备，当真空罐内真空度信号符合标准后，电动真空泵停止工作。电动汽车的刹车系统主要由五部分组成，分别为：车辆电源、真空泵控制器（集成到 VCU 整车控制器里）、真空助力器、真空罐以及真空泵。

## 一、制动器的工作原理

电动汽车用制动器一般为"前盘后鼓"式（前轮采用盘式制动器，后轮采用鼓式制动器），盘式制动器的效率比鼓式制动器的高，但价格也相对比较高。现在使用的盘式制动器主要为浮动钳工盘式制动器，制动钳体是浮动的。制动油缸均为单侧，且与油缸同侧的制动块总成是活动的，而另一侧的制动块总成则固定在钳体上。电动汽车制动时，在油液压力作用下，活塞推动活动制动块总成，使其压靠到制动盘，而反作用力则推动制动钳体连同固定制动块总成压向制动盘的另一侧，直到两个制动块总成受力均等为止。鼓式制动器因价格便宜，使用得比较多，并兼驻车制动的功能。

内张型鼓式制动器的工作原理是：利用制动鼓的圆柱内表面与制动蹄摩擦

片的外表面作为一对摩擦表面在制动鼓上产生摩擦力矩，在非工作状态下，控制阀推杆回位弹簧将控制阀推杆推到右边的锁片锁定位置，真空阀口处于开启状态，控制阀弹簧使控制阀皮碗与空气阀座紧密接触，从而关闭空气阀口。此时助力器的真空气室和应用气室分别通过活塞体的真空气室通道与应用气室通道经控制阀腔处相通，并与外界大气相隔绝。

当进行制动时，制动踏板被踏下，踏板力经杠杆放大后作用在控制阀推杆上。首先，控制阀推杆回位弹簧被压缩，控制阀推杆连同空气阀柱前移。当控制阀推杆前移到控制阀皮碗与真空阀座相接触的位置时，真空阀口关闭。此时，助力器的真空气室、应用气室被隔开，并且空气阀柱端部刚好与反作用盘的表面相接触。随着控制阀推杆的继续前移，空气阀口将开启。外界空气经过滤气后通过打开的空气阀口及通往应用气室的通道，进入助力器的应用气室（右气室），伺服力产生。

## 二、ABS 简介

ABS（Antilock Brake System，制动防抱死系统）通常由电动泵、储能器、主控制阀、电磁控制阀和一些控制开关等组成。实质上，ABS 是通过电磁控制阀体上的控制阀控制分泵上的油压迅速变大或变小，从而实现防抱死制动功能的。

由于电动汽车没有发动机，因此采用真空助力系统给制动系统进行助力。电动真空助力系统的工作过程为：当驾驶员发动汽车时，12 V 电源接通，电子控制系统模块开始自检，如果真空罐内的真空度小于设定值，真空压力传感器输出相应电压值至控制器，此时控制器控制电动真空泵开始工作，当真空度达到设定值后，真空压力传感器输出相应电压值至控制器，此时控制器控制真空泵停止工作，当真空罐内的真空度因制动消耗，真空度小于设定值时，电动真空泵再次开始工作，如此循环。

## 三、真空助力刹车分析

电动汽车没有发动机提供真空助力，这种情况车辆就需要一个额外的装置为刹车系统提供助力工作，这份工作可以通过真空助力或刹车步进电机两种方式实现，真空助力刹车的组成如图 5-3-1。

图 5-3-1 真空助力刹车的组成

电动汽车制动系统主要由五部分组成，分别为：车辆电源、真空泵控制器（集成到 VCU 整车控制器里）、真空助力器、真空罐以及真空泵。

启动车辆时，VCU（整车控制器）会检测车辆状态，其中一项就是通过检测真空罐压力信号判断此刻真空罐内真空度是否正常，如图 5-3-2 所示。当进行刹车制动时，仅靠电动真空泵无法确保足够的真空度来完成刹车动作，这时就需要一个真空罐来储存足够的真空度。

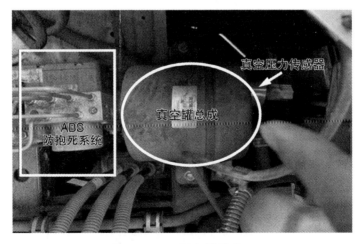

图 5-3-2 真空罐总成

在车辆控制系统中，刹车系统优先级是最高的。当我们踩下制动踏板时，踏板下的行程传感器将会检测到此时踏板的动作信号，VCU（整车控制器）接收到刹车信号后，会切断动力输出，从而进入制动程序。由真空罐提供真空度，如图 5-3-3 所示，为真空助力器提供助力，推动刹车总泵内部的活塞进行制动液压缩，经由 ABS（防抱死系统）进行制动力分配，此时四个车轮刹车分泵内的制动液接收到不同的制动压力，使刹车片向刹车盘施加不同的摩擦力，从而使车辆进行刹车动作。

图 5-3-3　电动真空泵

当完成刹车动作松开刹车踏板时，VCU 会检测到真空罐内真空度不足的信号，此时 VCU 会向电动真空泵发送启动信号，由电动真空泵为真空罐进行抽真空，为下次刹车做准备，当真空罐内真空度信号符合标准后，电动真空泵停止工作。

# 第六章　电动汽车维护与检修

# 第一节　动力电池维护与保养

　　动力电池作为电动汽车的心脏部分，决定了电动汽车的续航能力是否良好，其成本占整车成本的 25% ~60%。目前动力电池的使用寿命为 3~7 年，小于整车的使用寿命（10~15 年）。动力电池的质量以及使用的寿命对电动汽车来说是非常重要的，合理地使用和维护动力电池，可以最大限度地延长它的使用寿命，从而达到降低汽车使用成本的目的。

## 一、动力电池的电能补充

　　动力电池的电能补充模式可以分为两种，即充电模式和换电模式。其中，换电又称为机械充电，通过直接更换已充满电的动力电池来达到电动汽车电能补充的目的。纯电动汽车动力电池放电后，用直流电源连接动力电池，将电能转化为动力电池的化学能，使它恢复工作能力，这个过程称为动力电池充电。动力电池充电时，动力电池的正极与充电电源的正极相连，动力电池的负极与充电电源的负极相连，充电电源的电压必须高于动力电池的总电动势。

　　目前，电动汽车换电模式面临着如下问题：换电站建设成本太高；各企业的电动汽车技术标准不同，电池标准也千差万别；车企普遍不愿意共享技术标准等。2020 年国务院印发的《新能源汽车产业发展规划（2021—2035 年）》出台，进一步确立了以充电为主的电动汽车发展方向。

　　电动汽车的充电系统方式主要有两种，一是交流充电方式，即为慢充；二是直流充电方式，即为快充。

　　合适的充电方式不仅能够最大限度地发挥电池的容量，而且可以延长电池的使用寿命。电动汽车的充电方式可分为交流充电和直流充电两种，消费者在自家充电一般采用专业公司安装的充电墙盒进行交流充电，在公共停车场或充电站一般采用交流桩进行交流充电或采用直流桩进行直流充电。

## （一）交流充电

纯电动汽车交流充电方式以较低的充电电流对电动车进行充电，一般充电时间较长，也就是通常所说的慢充。交流充电方式的充电装置安装成本比较低，电动汽车家用充电设施（车载充电机）多采用这种充电方式，可以充分利用电力低谷时段进行充电，降低充电成本，提高充电效率，并延长电池的使用寿命。

### 1. 交流充电的组成

交流充电指电网输入给车辆的电压为交流电，可以是 220 V AC 单向电或 380 V AC 三相电。交流电通过标准充电插头和充电插座，进入车载充电机，车载充电机再把交流电转化为直流电，给动力电池充电，完成基本的交流充电。

交流充电的部件主要由车载充电机、交流充电插座（交流充电插座线束）、充电线、交流充电桩或 220 V 交流电源和车辆控制器（VCU、BMS）等组成。

其中交流充电插座和车载充电机固定在车辆上，充电线随车配送，交流充电桩固定在停车场，各部件的作用如下：

（1）车载充电机是交流充电系统的关键部件，其根据控制指令把交流电转化为直流电给电池充电。

（2）交流充电插座是国家标准件，是车辆连接外部电网的接口，其接口有 2 个信号回路，1 个接地回路，1 个零线回路和 3 个火线回路，共 7 个接口，根据输入的电压是 220 V AC 还是 380 V AC，应用相应的火线接口。

（3）车辆控制器实时监控车辆的状态，并发出控制指令给车载充电机，使其工作或停止工作，控制其工作电流和电压等，是车辆充电的控制大脑。

（4）模式 2（如图 6-1-1）充电线是连接外部电网和车辆的充电线，直接给车载充电机提供 220 V AC 电源。其线缆上的功能盒可检测车辆和电网状态，连接或断开给车辆的供电，具有一定的保护功能。根据标准要求其输入的充电电流限制在 13 A 以内，输入电压为 220 V AC，所以采用模式 2 的充电线充电时，

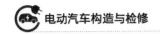 

车载充电机的输入最大功率为 2860 W，即充电时间会延长。

（5）交流充电桩也是车辆连接外部电网的部件，直接给车载充电机提供 220 V AC 或 380 V AC 电源。其也具有检测车辆和电网状态，连接或断开给车辆供电的功能。充电桩的供电电压有 220 V AC 和 380 V AC，根据充电桩的输出功率而定。根据标准要求，如交流充电桩的输出电流大于 32 A 时，供电电压必须采用 380 V AC。因此采用交流充电桩充电时，充电功率较大，即充电时间会缩短。

### 2. 交流充电的原理

交流充电方式总共有三种充电模式，分别为模式 1、模式 2 和模式 3。根据国家标准要求和充电安全，其中模式 1 严禁使用，模式 2 和模式 3 连接方式的交流充电工作原理分别如图 6-1-1 和图 6-1-2。

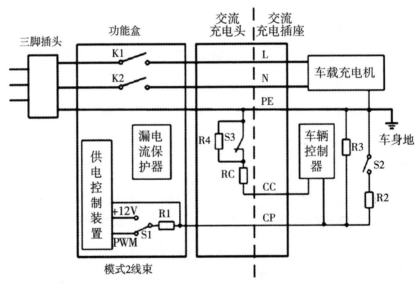

图 6-1-1 模式 2 交流充电工作原理

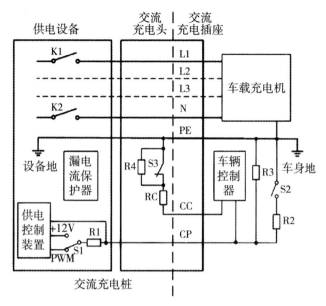

图 6-1-2　模式 3 交流充电工作原理

　　交流充电是国家标准的充电方式，其电气原理图、检测和控制要满足标准《GBT 18487.1-2015 电动汽车传导充电系统》的要求。除了满足国家标准要求外，不同汽车厂会根据项目需求，增加充电提示或显示的功能，方便客户查看充电状态。

　　根据标准要求，CC 信号是充电插头和充电插座是否连接的判断信号，同时车辆根据 CC 的信号值，判断 $R_C$ 阻值，确定线束的容量。CP 信号是判断供电设备的供电能力，通过 PWM 值确定。电气原理图中的各电阻值和 PWM 值都必须满足标准要求，且控制器必须按照标准进行判断，以满足车辆在市场上的充电需求。

**3. 交流充电的控制策略**

　　为了便于客户使用，交流充电的控制策略和顺序如下：

　　（1）车载充电机检测 CC 和 CP 信号，车载充电机可根据 CC 信号判断充电线的容量，根据 CP 信号，判断供电设备的供电能力。

　　（2）车辆处于休眠或停车状态时，当充电插头插上充电插座时，车载充电机检测到 CC 或 CP，自身唤醒。

　　（3）车载充电机自唤醒后，唤醒 VCU 和 BMS。

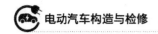

（4）VCU 和 BMS 被唤醒后，开始进入交流充电模式，并检测车辆状态，即车辆是否有故障，电池是否满电。

（5）车载充电机反馈充电线束状态和供电设备信息给 BMS。

（6）BMS 根据车载充电机反馈的信息和车辆的状态，发送开始充电或停止充电指令给车载充电机。

（7）充电线或交流充电桩的供电控制装置，通过 CP 信号判断车辆状态，连接或断开 K1 和 K2，即连接或断开交流电的输入。

（8）车载充电机根据接收到的指令，开始或停止工作，给车辆充电或停止充电进入休眠。

以上是充电过程的控制简述，而在整个充电伊始，车辆和交流充电桩（或充电线）都会先判断充电接口是否连接完好，之后车辆才会判断是否启动充电，所以客户必须插枪到位，这也是为了保证充电安全。在使用上，客户只需插枪，无须执行其他操作，车辆随即进入充电模式，开始充电，提高了客户使用的便利性。在实际使用中，如果车辆在充电过程中，当电网没有电时，车辆会自动进入休眠，减少自身的能耗；当又来电时，车辆也会自动唤醒，并检测车辆状态，如车辆未满电时会继续充电，如已满电，会停止充电并进入休眠，减少能量消耗。

## （二）直流充电

直流充电是指外部电网输入给车辆的电压为直流电，即直流充电桩把 380 V AC 三相电转化为直流电，通过标准直流充电插头和充电插座输送给车辆，直接给动力电池充电，完成基本的直流充电。直流充电方式以较高的充电电流在短时间内为蓄电池充电，充电时间短，也就是通常所说的快充。直流充电方式的充电装置安装成本相对较高，充电效率较低，对电池寿命有一定的影响。

### 1.直流充电的组成

直流充电的部件主要有直流充电插座（直流充电插座线束）、车辆控制器（VCU、BMS）和直流充电桩等。

其中直流充电插座固定在车辆上，直接连接动力电池，直流充电桩固定在停车场，各部件的作用如下：

（1）直流充电插座是国家标准件，是车辆连接外部电网的接口，其有1路CAN通信回路（2个接口），1路低压辅助供电回路（2个接口），2个信号回路，1个接地回路和1正1负的2个高压回路，共9个接口。

（2）车辆控制器实时监控车辆状态，并根据国家标准《GB/T 27930-2015电动汽车非车载传导式充电机与电池管理系统之间的通信协议》的协议格式和内容，发出控制指令给直流充电桩，使其工作或停止工作，控制其输出电流和电压等，是车辆充电的控制大脑。

（3）直流充电桩是一个大功率的非车载充电机，其把380 V AC交流电转化为直流电后，通过标准充电插头和充电插座连接，直接给动力电池充电。其工作功率一般都较大，因此大大缩短了充电时间。

### 2. 直流充电的电气原理

直流充电方式只有一种模式，即为国标所述的充电模式4，如图6-1-3。

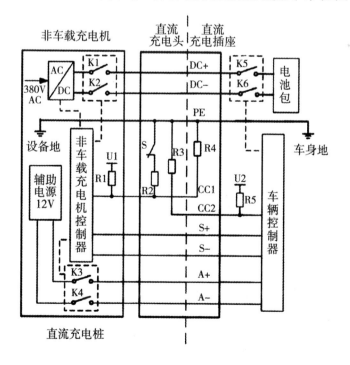

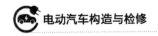

图 6-1-3　直流充电的电气原理

直流充电是国家标准的充电方式，其电气原理图、检测和控制要满足标准《GB/T 18487.1-2015 电动汽车传导充电系统》的要求。

根据标准要求，$CC_1$ 信号是直流充电桩判断充电插头和充电插座是否连接的信号；$CC_2$ 是车辆判断充电插头和插座是否连接的信号；S+ 和 S− 是 CAN 信号通道；A+ 和 A− 是辅助电源，以乘用车为例是 12 V，以大巴车为例是 24 V。直流充电桩可通过 A+ 和 A− 提供辅助电源，但在标准里并未强调一定要使用此辅助电源，车辆可根据实际需求应用。电气原理图中的各电阻值都必须满足标准要求，且控制器必须按照标准进行判断，以满足车辆在市场上的充电需求。

**3. 直流充电的控制策略**

要实现车辆在市场上充电，不仅要求直流充电的电气原理图符合标准，而且其与车辆控制器的通信协议也必须符合国标格式和内容。以某个项目为例，充电是给动力电池充电，为了便于执行控制，直接使用动力电池的 BMS 与直流充电桩进行信息交互和检测，VCU 只作为辅助判断，其控制策略和顺序如下：

（1）车辆未使用 A+ 和 A− 辅助电源，因为此电源为车辆外部电压，可靠性不稳定。

（2）BMS 检测 $CC_2$ 信号和通过 S+ 和 S− 与直流充电桩进行信息交互。

（3）车辆在休眠或停车状态，当直流充电插头和直流充电插座插合时，BMS 检测到 $CC_2$ 信号，自唤醒。

（4）BMS 自唤醒后唤醒 VCU，车辆进入直流充电模式。

（5）直流充电桩通过检测到 $CC_1$ 信号，判断充电插座和插头是否连接完全。

（6）BMS 和直流充电桩进行信息交互。

（7）BMS 根据直流充电桩反馈的信息和车辆状态进行判断，发送开始充电或停止充电信息给直流充电桩。

（8）直流充电桩根据 $CC_1$ 信号和 BMS 反馈信息，执行充电或停止充电。

（9）当充电完成或停止充电后，整车进入休眠，减少能量的消耗。

以上是简单的控制过程，在使用和操作要求上与交流充电相似。但直流充电过程中，当停止充电后，须拔枪再插枪，才可进行第二次充电，此方式有别于交流充电，也是为了保证充电安全。

总之，电动汽车动力电池的充电系统，基本都按照标准要求执行。

交流充电电流相对较小，有利于电池的使用寿命，且不易过热和发生故障。直流充电虽然能更快地完成充电，但对车辆的电池损伤较大，也易发生过热，从而起火，因此建议车辆多采用交流充电模式，可有效延长电池寿命，减少事故发生。

除了标准要求外，车辆控制器须实时监控车辆的状态，例如电池是否过热、过压、过充、过流，绝缘阻值是否下降等，这是整车厂需要完善的控制策略，以保证充电安全。

## 二、吉利EV450的动力电池和充电系统

### （一）吉利EV450的动力电池

吉利 EV450 的动力电池箱通过 16 个螺栓和车身连接，安装在整车下部。动力电池箱主要起到保护动力电池的作用，因此要求箱体要坚固、防水。箱体分为上箱体和下箱体。上箱体一般不会受到冲击，并且为了减轻质量采用玻璃钢材质。下箱体在整车的下部，防止遇到路面磕碰等情况而伤害动力电池，因此采用铸铁材质。上、下箱体之间通过硅酮胶进行密封，并有定位装置进行定位。

吉利 EV450 的动力电池主要由两大部分组成，即电池管理系统和电池本体部分。其中，电池管理系统相当于动力电池的神经中枢，主要对电池状态进行检测、对电池电量等进行管理。电池本体部分主要由动力电池组、动力电池箱及辅助器件 3 部分组成。

### （二）吉利EV450的充电系统

吉利 EV450 的充电系统可以分为动力电池充电系统和低压蓄电池充电系统。动力电池充电系统利用外接电源给动力电池充电，低压蓄电池充电系统利用动力电池给低压蓄电池充电。

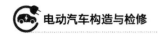

### 1. 动力电池充电系统

吉利EV450动力电池充电系统包括交流慢充和直流快充两种方式。慢充时，供电设备（慢充桩或家用交流电）通过慢充线、慢充口将交流电提供给车载充电机，车载充电机将其变成高压、直流电之后，送入高压控制盒，然后对动力电池进行充电。快充时，供电设备（一般为快充桩）通过快充线、快充口将高压直流电提供给高压控制盒，然后对动力电池进行充电。

### 2. 低压蓄电池充电系统

低压蓄电池充电系统的动力电池通过 DC/DC 转换器给蓄电池充电或给低压用电设备供电。

## 三、吉利EV450充电系统的维护

### （一）慢充检查

#### 1. 慢充口盖开关状态检查

（1）检查慢充口盖能否正常开启与关闭。主驾驶室门框附近有充电口解锁拉手，拉动充电口盖拉手，则慢充口盖应正常打开，检查慢充口内外盖能否正常开启与关闭。

（2）检查充电指示灯。当慢充口盖打开时，仪表充电指示灯应常亮；当慢充口盖关闭时，仪表充电指示灯应熄灭。

注意：如果慢充口盖出现问题，则车辆将无法正常启动。

#### 2. 充电线及充电插头检查

（1）检查充电线外观有无裂纹、破损等情况。

（2）检查充电插头有无裂纹、破损等情况。

注意：在充电过程中，充电线会产生热量，如有破损，应及时更换，以免对人员和车辆造成损伤。

#### 3. 充电测试

注意：进行充电前要保证点火开关位于 OFF 位、驻车制动器应拉紧，并且换挡旋钮在 N 位。

（1）将慢充线连接到充电桩上（或将交流充电线连接到可靠接地的 220 V/16 A 交流电源上）。

（2）按下充电枪开关。

（3）将充电枪插入慢充口。

（4）确保连接正常后，松开充电枪开关；

（5）观察仪表盘，应显示充电状态；

（6）打开机舱盖，检查车载充电机工作状态。

当充电正常时，电源指示灯和充电指示灯应都点亮。当电源指示灯全绿时，说明电池已充满或电池无充电请求。当报警指示灯点亮时，说明慢充系统出现异常。当电源指示灯不亮时，说明车载充电机供电出现故障，应检查充电桩、充电线束及插接件。

## （二）DC/DC转换器功能测试

DC/DC 转换器功能测试主要是检测 DC/DC 转换器输出电压，检测方法如下。

（1）将点火开关置于 OFF 位，断开所有用电器并拔出钥匙。

（2）按压低压蓄电池锁压件，打开盖板并裸露出低压蓄电池正极。

（3）使用专用万用表电压挡测量低压蓄电池的电压（并记录此电压值）。

（4）将点火开关置于 ON 位。

（5）使用专用万用表电压挡测量低压蓄电池的电压，这时所测的电压值就是 DC/DC 转换器输出的电压。DC/DC 转换器正常输出电压为 13.2~13.5 V 或 13.5~14 V（在关闭车上用电设备的情况下）。车上用电设备未关闭、专用万用表测量值有误差，或 DC/DC 转换器故障，都会导致 DC/DC 转换器输出电压小于规定值。

## （三）快充口绝缘检测

（1）检查绝缘手套绝缘等级。

（2）检查绝缘手套密封性。

（3）佩戴绝缘手套。

（4）穿上绝缘鞋。

（5）将兆欧表挡位旋至 500 V。

（6）打开快充口外盖。

（7）打开快充口内盖。

（8）用兆欧表检测快充口 DC+ 端子与车身之间的绝缘电阻，绝缘电阻值应大于 2.5 MΩ。快充口端子如图 6-1-4 所示。

图 6-1-4　快充口端子

A—DC- 端子；B—DC+ 端子

（9）用兆欧表检测快充口 DC- 端子与车身之间的绝缘电阻，绝缘电阻值应大于 2.5 MΩ。

注意：如果绝缘电阻值小于要求值，则应立即检查并更换快充线束。

## 四、动力电池系统的维护

### （一）外观检查

（1）举升车辆，目测动力电池底部有无磕碰、划伤、损坏的现象。如有这些现象，则应及时予以修理或更换。

（2）目测动力电池高低压插接件有无变形、松脱、密封及损坏等现象。如有这些现象，则应及时予以修理或更换。

（3）检查标识有无脱落。

（4）检测动力电池固定螺栓力矩。固定螺栓标准力矩为 95~105 N·m。

## （二）BMS维护

动力电池都是由单个小的电池单体串、并联构成电池组，最后由电池组构成汽车动力电池单元。而 BMS 一旦出现故障就会直接影响到电动汽车的整体运行。BMS 的维护常有以下措施，见表 6-1。

表 6-1

| 序号 | 故障描述 | 可能原因 | 解决方法 |
|---|---|---|---|
| 1 | 内部 CAN通信异常（HVU 通信异常、BMU通信异常导致电池显示不全，系统告警） | 1.CAN-H、CAN-L 接反 2.匹配电阻错误 3.模块损坏 | 1.将 CAN 线对调 2.增加或者减少匹配电阻（标准：CAN-H/CAN-L 阻抗为 60 Ω） 3.更换或者维修损坏模块 |
| 2 | 信号线异常(部分单体电压时有时无或连续的两个单体电压显示异常) | 1.采集线线束连接不牢固 2.插件未插紧 3.线束退针 | 1.拧紧连接不牢固的采集点螺丝 2.插紧插件 3.将退针的线束插紧 |
| 3 | 电池一致性差、欠压(单体最高最低相差 200 mV、缺一箱电池信息导致总压不正常) | 1.箱体间动力线束未连接 2.电压采集线束连接不牢固 3.电池实际电压异常 | 1.插紧箱体间的动力线 2.拧紧采集线束的固定螺丝 3.更换电池 |
| 4 | 温度异常（温度出现-40℃,显示温度数目与实际不符,常温下某个采集点温度高于其他采集点） | 1.接插连接松动 2.温感损坏 3.电池连接铜片松动 4.温感数目配置错误 | 1.插紧松动的插件 2.更换损坏的温感 3.拧紧松动的铜片 4.重新配置正确的温感数目 |
| 5 | 散热扇不转(上位机控制制冷继电器闭合时风扇不转,温度达到需求散热温度时风扇不转) | 1.制冷继电器损坏 2.参数配置错误 3.风扇损坏 | 1.测试制冷继电器是否损坏,若损坏更换 BMU 2.重新配置参数 3.更换风扇 |
| 6 | 仪表首页无数据(整车钥匙拧到 ON 挡仪表首页不显示总压和 SOC 等相关信息) | 1.CAN 线接错 2.仪表程序错误 3.BCU 故障 | 1.调整 CAN 线 2.更新仪表程序 3.更换 BCU |
| 7 | 通信不稳定（仪表显示BMS通信异常,电池信息时有时无,车辆静态时正常,启动时通信异常） | 1.匹配电阻错误 2.线束插件连接松动 3.存在干扰 | 1.增加或者减少匹配电阻（标准：CAN-H/CAN-L 阻抗为 60Ω） 2.插紧松动的部件 3.找到干扰 UAN 或者在通信线上加装磁环 |

（续表）

| 序号 | 故障描述 | 可能原因 | 解决方法 |
|---|---|---|---|
| 8 | 电流显示异常（电流大小与实测值误差较大，充放电电流显示反了，车辆静止时，有电流显示） | 1. 电流传感器安装方向错误<br>2. 电流传感器线束连接错误<br>3. 电流传感器参数错误<br>4. 未校准电流值 | 1. 更改安装方向<br>2. 按照接口定制更改线束<br>3. 重新配置正确的参数<br>4. 使用上位机校准电流值 |
| 9 | 可行驶里程异常（静止不动或者跳变） | SOC 异常 | 1. 采集误差较大<br>2. 单体电压异常（过放） |
| 10 | 预充故障（上高压 5S 左右，上位机显示预充故障、主负闭合故障等） | 1. 预充电阻损坏<br>2. 预充继电器损坏<br>3. 预充继电器驱动线束接触不良<br>4. 预充超时<br>5. 总压检测误差较大<br>6. 车载电源电压低<br>7. 预充时，负载端有设备在工作 | 1. 更换预充电阻<br>2. 更换预充继电器<br>3. 检查并接好驱动线<br>4. 更改软件<br>5. 电机厂家校准采集到的总压<br>6. 给车载电源充电<br>7. 更改在工作的设备供电方式 |
| 11 | 放电继电器不吸合 | 1. 放电继电器损毁<br>2. 放电机电器驱动线束接触不良<br>3. 车载电源电压低 | 1. 更换放电继电器<br>2. 接好驱动线<br>3. 给车载电源充电 |
| 12 | 主继电器不吸合 | 1. 主继电器损坏<br>2. 主继电器驱动线束接触不良<br>3. 车载电源电压低 | 1. 更换主负继电器<br>2. 接好驱动线<br>3. 给车载电源充电 |
| 13 | 充电时充电继电器不吸合 | 1. 充电继电器损坏<br>2. 充电继电器驱动线接触不良<br>3. 充电枪与充电插座接触不良 | 1. 更换充电继电器<br>2. 接好驱动线束<br>3. 插好充电枪 |
| 14 | 仪表不显示电池单体信息 | 1. 仪表无此功能<br>2. 充电 CAN 线接错<br>3. 匹配电阻错误<br>4. 仪表程序错误 | 1. 与仪表厂家和客户沟通增加此功能<br>2. 更改充电 CAN 线序<br>3. 增加或者减少匹配电阻（标准：CAN-H/CAN-L 阻抗为 60 Ω）<br>4. 更新仪表程序 |
| 15 | SOC 显示异常（充电时 SOC 下降，放电时 SOC 值上升，正常充放电 SOC 值上升下降非常快，SOC 精度误差很大） | 1. 电流传感器安装方向错误<br>2. 电流传感器线束连接错误<br>3. 电流传感器参数错误<br>4. 未校准电流值<br>5. BCU 容量参数标定错误 | 1. 更改安装方向<br>2. 按照接口定制更改线束<br>3. 重新配置正确的参数<br>4. 使用上位机校准电流值<br>5. 重新标定正确的电池容量 |

（续表）

| 序号 | 故障描述 | 可能原因 | 解决方法 |
|---|---|---|---|
| 16 | 充电机显示电流与BMS显示电流严重不一致 | 1. 充电机或BMS电流检测错误<br>2. 充电机和BMS电流计算方式不一致，电流传感器显示有效值，充电机显示平均值<br>3. 充电机自身输出不稳定 | 1. 校准充电机或者BMS的电流值<br>2. 沟通后更改使用哪方电流显示<br>3. 充电机输出调整 |
| 17 | 直流充电时充电机不启动 | 1. 充电CAN未正常连接<br>2. 充电机与BMS的CAN传输波特率不匹配<br>3.BMS与充电机通信协议不一致<br>4. 充电机参数设置错误<br>5. 匹配电阻错误<br>6. 直流充电连接确认CC$_2$信号线异常<br>7. 充电互锁异常 | 1. 按照正确的接口定义重新连接充电CAN<br>2. 更改CAN波特率<br>3. 重新对接通信协议<br>4. 更改充电参数<br>5. 增加或者减少匹配电阻（标准：CAN-H/CAN-L阻抗为60Ω）<br>6. 检查直流充电连接，确认CC$_2$信号线是否正常连接<br>7. 检查充电互锁线束 |
| 18 | 充电几秒后充电机异常断开 | 1. 充电CAN线断开<br>2. 充电机故障终止<br>3. 电池故障<br>4.BMS故障终止 | 1. 重新接上CAN线<br>2. 充电机厂家查找充电机故障，并进行解决<br>3. 检查电池故障<br>4. 检查BMS故障点 |
| 19 | 交流充电时充电机不启动 | 1. 充电CAN未正常连接<br>2. 充电机与BMS的CAN传输波特率不匹配<br>3.BMS与充电机通信协议不一致<br>4. 充电机参数设置错误<br>5. 匹配电阻错误<br>6. 交流充电连接确认CC$_2$信号线异常 | 1. 按照正确的接口定义重新连接充电CAN<br>2. 更改CAN波特率<br>3. 重新对接通信协议<br>4. 更改充电参数<br>5. 增加或者减少匹配电阻（标准：CAN-H/CAN-L阻抗为60Ω）<br>6. 检查交流充电连接，确认CC信号线是否正常连接 |
| 20 | 当达到过充、过放、过温等条件，BMS无法切断充放电回路进行保护 | 1.BCU设定的保护参数不正确<br>2. 充放电继电器不能正常通断<br>3.BCU的充放电继电器控制线接错<br>4. 控制策略中的其他条件未达到 | 1. 按需求重新标定保护参数<br>2. 更换损坏的继电器<br>3. 按照正确的线序重新连接控制线<br>4. 对照控制策略查看当下状态是否合理 |
| 21 | BMS与上位机连不上 | 1.CAN驱动没有安装或者安装不完整<br>2. 连接到上位机的线路松动<br>3. 波特率设置错误<br>4. 整车CAN的CAN-H/CAN-L接反了 | 1. 重新安装CAN驱动<br>2. 检查线路并重新连接<br>3. 检查波特率是否匹配<br>4. 检查CAN线高低是否接反 |

　　同时，动力电池厂家会定期要求对 BMS 软件进行升级，以获得更佳的控制效率。该项工作一般采用专用仪器按照厂家升级规范进行。

### （三）动力电池测试

#### 1. 单体电池一致性测试

利用解码器读取单体电池信息，确认电池一致性。

#### 2. 电箱内部温度采集点检查

目的：确保测温点工作正常，采集点合理。

方法：将电脑监控温度与红外测温仪所得温度对比，检查温度传感器的精度。

#### 3. 继电器测试

目的：防止继电器损坏，车辆无法正常上高压。

方法：用监控软件开启、关闭总正、总负继电器。

#### 4. 电池加热系统测试

目的：确保加热系统工作正常，避免冬季影响充电。

方法：电池箱通 12 V 电源，打开监控软件，开启加热系统，利用软件读取电池温度。

#### 5. 绝缘测试

注意：进行绝缘测试前，要按照规范进行下电作业。

目的：掌握电动汽车高压系统的运行状况，保证其绝缘的完好性，判断电气设备能否继续投入运行和预防损坏，使设备始终保持较高的绝缘水平。

方法：打开高压盒，用绝缘表测试继电器两端总正、总负对地电阻，阻值均应大于 500 Ω/V（1000 V）。其操作过程与快充口绝缘测试相同，不再赘述。

### （四）动力箱内部维护

#### 1. 模组连接件检查

目的：防止螺钉松动，造成故障。

方法：用做好绝缘的扭力扳手紧固，扭矩值为 35 N·m。

### 2. 电压采集线检查

目的：防止电压采集线连接不牢固，导致所测电压数据不准确。

方法：将电压采集线从板插接件拔下并安装一次。

### 3. 熔断器检查

目的：检查熔断器状态是否良好，保证遇到事故时其可正常工作。

方法：用万用表二极管挡测量通断。

### 4. 电箱密封检查

目的：保证电箱密封良好，防止水进入。

方法：目测密封条或更换密封条。

### 5. 高低压插接件可靠性检查

目的：确保插接件正常使用。

方法：检查是否存在松动、破损、腐蚀等情况。

### 6. 电池包安装点检查

目的：防止电池包脱落。

方法：目测检查每个安装点焊接处是否有裂纹。

### 7. 保温检查

目的：确保冬季电池包内部温度。

方法：目测检查电池包内部边缘保温棉是否脱落、损坏。

### 8. 电池包高低压线缆检查

目的：确保电池包内部线缆正常、不漏电。

方法：检查电池包内部线缆是否破损、是否受挤压发生变形。

# 第二节　驱动系统维护与保养

## 一、电动汽车驱动系统

电动汽车驱动系统主要由电控单元、驱动电机、电机逆变器、各种传感器

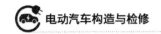

（加速踏板位置传感器、制动踏板开关、转向盘转角传感器等）、机械传动装置（变速器和差速器）和车轮等组成。

驱动系统能够将动力电池输出的电能转换为车轮的机械能，驱动电动汽车行驶，并能够在电动汽车减速制动时，将车轮的动能转化为电能充入动力电池，是电动汽车的关键组成部分。它以驾驶员的操作（主要是加速踏板位置的操作）为输入，经过驱动系统电控单元的变换后，输出转矩定值提供给电机逆变器，电机逆变器控制驱动电机的输出转矩，从而使电动汽车以预期的状态行驶。

吉利 EV450 电动汽车的驱动系统是永磁无刷电机系统，主要由驱动电机系统和减速驱动桥总成（减速驱动桥总成是一个减速器与主减速器、差速器组合在一起的总成）组成。

## （一）驱动电机系统

驱动电机是电动汽车的核心部件之一，是车辆行驶的主要执行机构。其特性决定了车辆的主要性能指标，直接影响车辆动力性、经济性和用户驾乘感受。

吉利 EV450 驱动电机系统由驱动电机（DM）、电机控制器（MCU）构成，通过高低压线束、冷却管路，与整车其他系统进行电气和散热连接。

### 1.驱动电机

吉利 EV450 采用永磁同步电机。永磁同步电机是以磁场为媒介进行动能和电能相互转换的电磁装置，主要由端盖、转子轴、转子支撑、转子、定子、轴承、水套内圈和机座组成。电机是电动力系统的重要执行机构，是电能与机械能转换的部件，自身的运行状态等信息可以被采集到电机控制器上，依靠内部的传感器来提供电机的工作信息。旋变传感器提供转子的位置信息、转速及方向，温度传感器提供温度信号。

永磁同步电机的结构与直流电动机结构相似，因此具备直流电动机结构简单、运行可靠、功率密度大、调速性能好等特点，与此同时，永磁同步电机普遍采用矢量控制技术，所以在噪声控制和精度调节上做得更出色。吉利帝豪 EV450 电机的额定功率 42 kW，峰值功率 120 kW，额定转矩 105 N·m，峰值转矩 250 N·m。

### 2. 电机控制器

电动汽车的电机控制器，是电动汽车"三电"中的核心。电动汽车要实现加速、定速巡航、能量回收，都要依靠电机控制器。吉利帝豪 EV450 纯电动汽车的电机控制器安装在车辆的前舱内，采用 CAN 总线通信，通过 PCAN 协同控制车辆的动力系统，主要完成动力电池与电机之间的能量传输。在车辆制动或滑行阶段，驱动电机作为发电机，把车轮旋转的动能转换为电能，给动力电池充电。

（1）电机控制器结构和工作原理

吉利帝豪 EV450 的电机控制器内部包含一个 DC/AC 逆变器和一个 DC/DC 转换器。逆变器由 IGBT 模块、高压薄膜电容、主控电路板等组成，可以实现直流变交流、直流变直流。DC/DC 由高低压功率器件、变压器、电感、信号控制电路板等组成，实现高压直流向低压直流的能量传递。电机控制器内部集成了 MCU，采集电机旋变信号、温度信号、互锁信号，采用矢量控制技术控制 IGBT，完成对电机的控制，并通过 CAN 网络和外部设备进行数据通信。电机控制器还包含冷却器，冷却液流过冷却管路给电机控制器内部的电子功率元器件散热。

（2）转矩控制模式

电机控制器控制电机轴向四象限的转矩。由于没有安装转矩传感器，转矩指令由整车控制器 VCU 发送，并被电机控制器转换为输出电流的指令，进行闭环反馈控制，转矩模式只有在获得正确的电机转子初始偏移角度时才能运行。

（3）主动放电模式

主动放电用于电机控制器内部高压薄膜电容快速放电，主动放电指令来自整车控制器 VCU 的指令或由电机控制器 PEU 内部故障触发，使高压电容中存储的电能通过一个功率电阻快速放电。

（4）DC/DC 直流转换

电机控制器中的 DC/DC 转换器将动力电池端的高压直流转换成指定的低压直流，供给车辆的 12 V 低压电源系统。

### （二）减速器

#### 1. 减速器的分类

减速器是一种相对精密的机械，使用它的目的是降低转速，增加转矩。它种类繁多，型号各异，按不同的结构分类包括：

（1）按照传动类型可分为固定轴齿轮减速器、蜗轮/蜗杆减速器和行星齿轮减速器。

（2）按照传动级数不同可分为单级和多级减速器。

（3）按照齿轮形状可分为圆柱齿轮减速器、圆锥齿轮减速器和圆锥－圆柱齿轮减速器。

（4）按照传动的布置形式又可分为展开式、分流式和同轴式减速器。

**2. 减速器的功能**

电动汽车为输出大转矩，采用了大功率的电机，并通过减速器有效地改变整车的传动比，实现转速和转矩变化。EV200 车型采用的减速器是一款前置前驱的减速器，如图 6-2-1 所示，分左右箱，两级传动结构，采用前进挡和倒挡共用结构设计，整车倒车通过驱动电机反转实现。

图 6-2-1　减速器

### 3. 减速器的基本参数

减速器的基本参数见表 6-2。

**表 6-2　减速器基本参数**

| 技术指标 | 技术参数 | 备注 |
|---|---|---|
| 最高输入转速 | 9 000 r/min | |
| 转矩容量 | ≤ 260 N·m | |
| 驱动方式 | 横置前轮驱动 | |
| 减速比 | 7.793 | |
| 驻车功能 | 无 | |
| 重量 | 23 kg | 不含润滑油 |
| 润滑油规格 | GL-475W-90 合成油 | 推荐嘉实多 BOT130（美孚 1 号 LS） |
| 设计寿命 | 10 年 /300 000 千米 | |

### 4. 减速器的结构与工作原理

减速器的主要功能是将驱动电机的转速降低、转矩升高，以保证驱动电机的转矩、转速满足车辆需求。电动汽车的减速器与传统汽油车减速器的功能和原理是一样的。北汽 EV200 电动汽车采用的减速器总成是一款前置前驱减速器，分左右箱，两级传动结构设计，具有体积小、结构紧凑的特点，采用前进挡和倒挡共用结构设计，整车倒挡通过驱动电机反转实现。减速器动力传动机械部分依靠两级齿轮副来实现减增矩，按其功用和位置分为右箱体、左箱体、输入轴组件、中间轴组件和差速器组件五部分。减速器工作原理如图 6-2-2 所示。

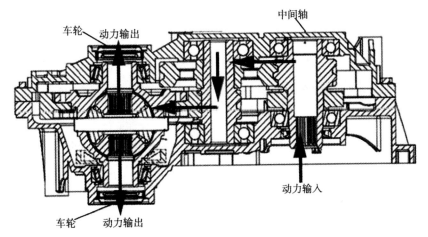

图 6-2-2　减速器工作原理

## 二、吉利EV450驱动系统的维护与保养

### （一）电机控制器的维护与保养

（1）操作启动开关使电源模式至 ON 状态。测量 EF32 保险丝两端电压，测量结果为 12 V，正常值为 11~14 V。说明保险丝上游供电正常。

（2）操作启动开关使电源模式至 OFF 状态。断开蓄电池负极，断开电机控制器连接线束 BV11，测量 BV11/26-EF32 下游端之间电阻，测量结果为 0 Ω，正常值 <1 Ω。说明电机控制器的主供电正常。

（3）测量 BV11/11– 车身搭铁点的阻值，测量结果为 0 Ω，正常 <1 Ω。说明电机控制器的车身搭铁正常。

（4）电机控制器在 PCAN 通信网络上，内部接有 120 Ω 终端电阻，断开 BV11 连接器，测量 BV11/20–BV11/21 的电阻，测量值为 120 Ω，正常值为 120 Ω。说明电机控制器的 CAN 线没有出现断路故障。

（5）更换电机控制器，车辆正常启动。说明该故障是电机控制器总成损坏导致的车辆不能启动。

### （二）减速驱动桥的维护与保养

对于初次保养，减速器磨合后，建议 3 000 千米或 3 个月更换润滑油，以后再进行定期维护。

减速驱动桥定期维护周期以里程表读数或使用月数判断，以先到为准。维护周期为 60 000 千米以内的定期维护周期，超过 60 000 千米按相同周期进行维护。在换油之前应先检查减速驱动桥是否漏油，非换油作业而举升车辆时，也应检查减速驱动桥是否漏油。

要求所换润滑油为 GL–475W–90 合成油，持续使用温度不小于 140 ℃，油量为 1.8~2.0 L。

#### 1.更换润滑油

（1）整车下电。

（2）水平举升车辆，检查减速驱动桥是否漏油，如有漏油，则查明原因并处理。

（3）拆下减速驱动桥放油螺塞，排放润滑油。

（4）在放油结束后按规定转矩（12~18 N·m）拧紧放油螺塞。如有需要可以在放油螺塞上涂抹少量密封胶（乐泰5699平面密封硅橡胶）。

（5）拆下加油螺塞。

（6）加注润滑油，直到加油螺塞孔有油液流出，说明油位合适，停止加注。

（7）按规定转矩（12~18 N·m）拧紧加油螺塞。

（8）用抹布清洁减速器底部润滑油。

（9）试车运行一段时间后，重新检查减速驱动桥是否漏油。

**2.减速驱动桥总成漏油及液位检查**

（1）整车下电。

（2）举升车辆，检查内外侧半轴球笼防尘套有无裂纹，有无油污，如有则建议更换防尘套。

（3）检查减速驱动桥总成是否漏油，如有漏油，则查明原因并处理。

（4）拆下放油螺塞，检查油位。如果润滑油能从加油螺塞孔缓慢流出，说明油位正常，否则应补充规定的润滑油，直到加油螺塞孔有油液流出为止。

# 第三节　空调系统维护与保养

## 一、电动汽车空调使用注意事项

### （一）空调在运转时的注意事项

首先，空调使用时，一定要先启动发动机，防止电动汽车在超负荷情况下运转，每次停车前也应该关闭空调再熄火。其次，夏天车内的温度比较高，上车后打开车窗，先将鼓风机打开，不要启动空调，五分钟后再开启空调制冷。

空调开启后，需要将整个车内的温度都调到理想状态，再开启内循环开关；当驾驶座周围空气不新鲜或者隔一段时间，可以将内循环模式改为外循环模式，让车内的空气与外面的空气进行交换，切不可长时间将空调置于内循环状态，以防止车内空气恶化。另外，电动汽车在行驶的过程中，应该将按钮调到内循环模式，这样就能防止车辆外的尾气和灰尘进入车内。最后应该注意的是，当汽车在正常行驶的过程中，空调的送风速度和温度不要长时间置于最大风和最低位置，以免蒸发器过度结霜，影响空调系统的运行。

### （二）动力电池SOC较低时的注意事项

当电表显示电量低时，迅速关闭空调，及时给动力电池充电，避免因动力电池电量不足而影响动力电池的使用，甚至缩短动力电池的使用寿命。

## 二、空调系统的直观检查

（1）检查空调出风口的出风量，如果出风量不足，检查进风滤清器，如有杂物则清除。

（2）听压缩机附近是否有非正常的响声，如果有，检查压缩机的安装情况。

（3）检查冷凝器散热片上是否有脏物覆盖，如果有则将脏物清除。

（4）检查制冷循环系统的各连接处是否有油渍，如果有油渍，说明该处有泄漏。

（5）将鼓风机开至低、中、高挡，听鼓风机处是否有杂音，检查鼓风机是否运转正常。

（6）空调系统若有异常，打开机盖检查以上项目。检查时一定要断开低压蓄电池负极，等待几分钟，保证高压系统完全断电后再进行。

## 三、检查制冷剂的数量

（1）检查使用工具空调压力表组，如图6-3-1所示。

图 6-3-1 空调压力表组

（2）检查步骤

将空调检测用压力表组高低压开关完全关闭，连接软管，选择合适的快速接头，把软管另一端和车辆侧的空调管道高低压加注阀相连，如图 6-3-2 所示。启动空调制冷功能，在空调运行时检查歧管压力表所显示的压力。空调制冷系统正常时低压侧应为 0.15~0.25 MPa，高压侧压力应为 1.37~1.57 MPa。

图 6-3-2　测压力

## 四、检查制冷剂的泄漏

（1）检查泄漏使用的工具

制冷剂检漏仪，如图 6-3-3。

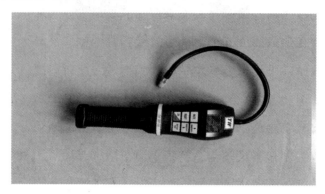

图 6-3-3  制冷剂检漏仪

（2）检漏操作方法

检查时，打开检漏仪开关，调整好灵敏度，用探头去接近空调管道及各个连接部位。若接近部位有泄漏，指示灯会快速闪烁，警报器鸣叫频率也会同步加快。

## 五、检查制冷功能

（1）环境温度大于 20 ℃时，预热车辆到正常温度。

（2）将车门全开，开启 A/C 开关，气流选择为面部出风，进风选择为内循环，鼓风机速度选择最大。

（3）温度选择最冷，5~6 分钟后测试出风口的温度。北汽新能源 EV 系列电动车，出风口温度应在 0 ℃ ~ 5 ℃。

## 六、检查制热功能

（1）将车辆门窗关严，风量开到最大，内循环，温度选择最高。

（2）启动空调，检查出风口温度是否明显上升。

（3）空调运转 5~6 分钟，检查空气是否有焦煳、过热的异味。

## 七、空调空气滤清器的清洁与更换

### （一）更换周期

空气滤清器的更换周期为：一般车辆行驶里程到 1.5 万公里时或者每年，经常在恶劣环境中工作的车辆行驶里程应当不超过 1 万公里时。

### （二）空滤的位置

一般有三个地方，分别为：发动机舱、驾驶舱、副驾驶舱。

EV200 车型空滤所在位置为汽车副驾驶位置，更换时按照要求逐步拆除相关部件。

### （三）清洁空滤

将空气滤芯取出，检查是否有较多尘土，如有可以轻轻拍打滤芯端面，并用压缩空气由里向外吹除滤芯上的尘土。

### （四）检查清扫干燥后的滤芯

将照明灯点亮放入滤芯里面，从外部观察有无损伤、小孔或变薄的部分，检查空滤有无损伤，如果破损，则需更换空气滤清器。

### （五）安装空气滤清器

滤芯清洁完毕或者更换滤芯后，按拆卸相反的顺序安装好空气滤清器。安装时不宜用手或器具接触滤芯的纸质部分，以免污染滤芯。

## 八、空调制冷剂的加注

### （一）制冷剂鉴别仪

#### 1. 制冷剂鉴别仪的作用

制冷剂鉴别仪主要用来检验制冷剂的类型、纯度、非凝性气体以及其他杂质，能鉴别 R134a、R12、R22、HC、AIR 这 5 种成分的纯度，鉴别结果以百分比显示，精度为 0.1%，如图 6-3-4 所示。

图 6-3-4　制冷剂鉴别仪

**2. 制冷剂鉴别仪的显示**

PASS：制冷剂纯度达到 98% 或更高，通过检验，可以回收。

FAIL：R12 或 R134a 的混合物，任一种纯度达不到 98%，即混合物太多。

FAIL CONTAMINATED：未知制冷剂，如 R22 或 HC 含量 4% 或更多，则不显示含量。

NO REFRIGERANT-CHK HOSE CONN：空气含量达到 90% 或更高，说明没有制冷剂。

**3. 制冷剂鉴别仪的使用方法**

（1）给仪器通电，仪器自动开机后预热两分钟。

（2）在预热过程中，需要将当地的海拔高度输入到仪器的内存中。

（3）系统标定，仪器将会通过进空气口吸入环境空气约 1 分钟。

（4）把采样管的入口端接到车辆空调系统或制冷剂罐的出口上，按 A 按钮开始进行分析。

（5）分析完成，显示分析结果，检测完毕。

**（二）制冷剂回收加注机**

作用：利用它可以进行制冷剂回收、净化、抽真空和加注，能进行冷冻机油的回收、加注，还能进行空调系统检漏等作业，如图 6-3-5 所示。

特点：功能多，自动化程度高，加注、回收效率高。

图 6-3-5 制冷剂回收加注机

## （三）空调歧管压力表组与注入阀

### 1. 空调歧管压力表组件

利用空调歧管压力表组件和注入阀可以充注制冷剂、添加冷冻机油，与抽真空机配合可以进行空调系统抽真空等作业，是汽车空调系统故障诊断与排除以及汽车空调系统维修必不可少的设备，如图 6-3-6 所示。

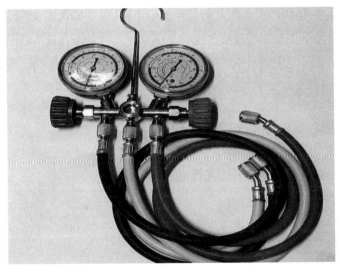

图 6-3-6 空调歧管压力表组件

## 2. 注入阀

注入阀是打开小容量制冷剂罐的专用工具，利用蝶形手柄前部的针阀刺破制冷剂罐，通过注入阀接头把制冷剂引入歧管压力表组件，如图 6-3-7 所示。

图 6-3-7    注入阀

# 九、加注汽车空调制冷剂的环境条件

（1）作业场地应通风良好。

（2）作业场地禁止明火。

（3）作业时，维修人员应配备必要的安全防护设施，如防护手套和防护眼镜等，避免接触或吸入制冷剂或冷冻机油的蒸气及气雾。

# 十、加注汽车空调制冷剂的工艺流程

## （一）汽车空调制冷剂加注作业流程

（1）作业准备。

（2）检漏。

（3）视情清洗。

（4）抽真空。

（5）补充冷冻机油。

（6）加注制冷剂。

（7）检测。

（8）完成加注作业。

## （二）加注汽车空调制冷剂的工艺流程

（1）设备连接。将设备的红色软管与系统高压端相连，蓝色软管与系统低压端相连，不能接错。

（2）打开电源开关。

（3）按"数据库"键。

（4）查找加注量。

（5）检查工作罐中制冷剂净重。

（6）按"充注键"。

（7）进入充注界面。

（8）按"数字"键，选择充注量。

（9）根据提示"关闭低压阀，打开高压阀"。

（10）按"确认"键进行充注。

（11）充注完成，关闭高压阀。

（12）按"确认"键对管路清理。

（13）按"确认"键退出管路清理，并关闭控制面板上的高低压阀门。

（14）从车上取下高低压软管。

（15）打开空调。

（16）查找泄漏。

（17）压力检测。

（18）出风口温度检测。

（19）取下空调压力表组，完成制冷剂添加。

## 十一、电动汽车空调维修注意事项

（1）触碰和检修高压器件时，注意安全防护，应拆下与蓄电池负极相连的电线并等待 3 分钟以上。

（2）制冷剂的排放应远离工作场所，并保持工作场所通风良好，以免造成窒息危险。制冷剂不要靠近火焰，以免产生对人体有害的物质。

（3）打开制冷系统时，必须戴手套及防护眼镜，以免制冷剂冻伤皮肤。一旦皮肤上溅到制冷剂，要立即用大量的冷水清洗，千万不可用手搓。

（4）制冷系统打开后，一定要及时加盖或包扎密封，防止空气的潮气或杂质进入。

（5）更换制冷部件后，要先为系统补充冷冻机油，然后再加注制冷剂。不同品牌的冷冻机油、制冷剂不能混用。北汽新能源指定采用 R134a 制冷剂和 POE68 冷冻油（压缩机润滑油）。

（6）拧紧或拧松螺纹接头时，必须同时使用两把扳手，连接安装各管路接口时注意管口清洁，O 形圈涂抹冷冻油。

## 十二、制冷剂及冷冻机油基本常识

### （一）制冷剂的类型及特性

**1. 制冷剂的类型**

（1）制冷剂定义

制冷系统中用于转换热量并循环流动的物质称为制冷剂。

（2）制冷剂分类

R12 和 R134a。

**2. 制冷剂的特性**

（1）R12 的特性

无色、无味、无毒、不易燃烧、不易爆炸，化学性质稳定；不溶于水，对金属无腐蚀作用；能溶解多种有机物，一般橡胶密封圈不能使用；具有较好的

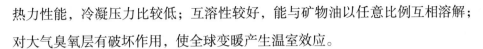

热力性能，冷凝压力比较低；互溶性较好，能与矿物油以任意比例互相溶解；对大气臭氧层有破坏作用，使全球变暖产生温室效应。

（2）R134a 的特性

无色、无味、无毒、不易燃烧、不易爆炸、化学性质稳定；不破坏臭氧层，在大气层停留寿命短，温室效应影响也很小；黏度较低，流动阻力较小；分子直径比 R12 略小，易外泄，能被分子筛吸收；与矿物油不相溶，与氟橡胶不相溶；吸水性和水溶性比 R12 高；汽化潜热高，定压比热大，具有较好的制冷能力。

### 3. 制冷剂使用的注意事项

（1）操作制冷剂时，不要与皮肤接触，应戴护目镜，以免冻伤皮肤或眼球。

（2）避免振动和放置高温处，以免发生爆炸。

（3）远离火苗，避免 R12 分解产生有毒光气。

（4）R134a 与 R12 不能混用，因为不相溶，会导致压缩机损坏。

（5）使用 R134a 制冷剂的系统，应避免使用铜材料，不然会产生镀铜现象。

（6）制冷剂应放置在温度 –40 ℃以下的地方保存。

## （二）冷冻油的类型及性能要求

### 1. 冷冻油的类型

（1）冷冻油的定义

在制冷系统中，用于保证压缩机正常工作，不易磨损，随系统循环流动并和制冷剂相溶的油称为冷冻油。

（2）类型

目前汽车空调系统中使用的冷冻油有 R12 用矿物油、R134a 用合成油（RAG、POE）两种。

### 2. 对冷冻机油的性能要求

（1）要有适当的黏度，受温度的影响要小。

（2）要有良好的低温流动性和互溶性。

（3）化学性质要稳定，与制冷剂和其他材料不起反应。

（4）毒性腐蚀要小，闪点要高，最好是无毒、不易燃烧，对金属、橡胶无腐蚀。

（5）吸水性要小。

**3.冷冻油的作用**

（1）润滑作用。

（2）冷却作用。

（3）密封作用。

# 第四节　吉利 EV450 空调系统检修

## 一、吉利EV450空调系统

电动汽车空调系统和传统汽车空调系统有着很大的不同，主要表现在两个方面，一是压缩机动力源，二是暖风系统热源。

传统汽车压缩机动力源自发动机，暖风系统热源多数利用的是发动机余热；而纯电动汽车没有发动机，因此要用其他方案进行解决，通常采用的方案是：压缩机由动力电池进行驱动，暖风系统采用辅助热源。

### （一）吉利EV450空调制冷系统

吉利 EV450制冷系统由电动涡旋式压缩机、平行流式冷凝器、层叠式蒸发器和 H 型膨胀阀等组成，采用的制冷剂是 R134a。在 H 型膨胀阀的前端设置有制冷管路电磁阀，在驾乘舱不需要制冷时电磁阀关闭，切断通向蒸发器的制冷回路。

空调制冷系统压缩机采用的是涡旋式压缩机，与压缩机电动机及压缩机驱动控制器集成在一起，称为电动压缩机总成，如图 6-4-1 所示。

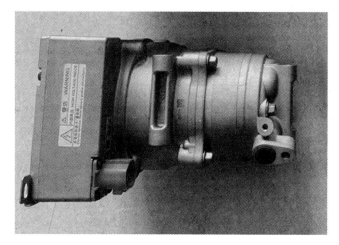

图 6-4-1 电动压缩机总成

表 6-3 电动压缩机总成参数

| | 类型 | 直流无刷传感器电机 |
|---|---|---|
| **电机参数** | 工作电压 | DC 220~420 V |
| | 额定电压 | DC 384 V |
| | 实际功率 | 1 000~1 500 W |
| | 转速范围 | 1 500~3 500 r/min |
| **压缩机参数** | 类型 | 涡旋式 |
| | 排量 | 27 mL/r |
| | 制冷剂 | R134a |
| | 冷冻油 | RL68H（POE68） |
| | 最大使用制冷量 | 2 500 W |
| **控制器参数** | 工作电压 | DC 9~15 V |
| | 最大输入电流 | 500 mA |

## （二）吉利EV450空调暖风系统

吉利 EV450 由于没有发动机，驾乘舱制热靠液暖电加热 PTC 来实现。需要制热时，热管理控制器控制 PTC 加热器工作，控制接通三通电磁阀的一二号管路，PTC 加热水泵驱使经 PTC 加热后的冷却液通过管路流进空调箱的加热芯体，实现采暖。

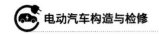

表 6-4　吉利 EV450　PTC 加热器技术要求

| 额定功率 | 3 500 W | 环境温度：（25±1）℃<br>施加电压：DC（336±1）V<br>风速：4.5m/s |
|---|---|---|
| 功率偏差率 | −10%~+10% | |
| 冷态最大起始电流 | 20 A | 环境温度：（25±1）℃<br>施加电压：DC（336±1）V |
| 单级冷态电阻 | 80~300 Ω | 在（25±1）℃环境下，放置 30 分钟后测量 |

### （三）吉利EV450空调配气系统

吉利 EV450 空调配气系统包括 3 部分：第一部分为空气进入段，主要由进气风门及其驱动装置组成，用来控制新鲜空气和室内循环空气的比例；第二部分为空气混合段，主要由混合风门及其驱动装置组成，用来调节空气的温度；第三部分为空气分配段，主要由模式风门及其驱动装置组成，用来调节出风方向和出风量，使空气吹向面部、脚部和风窗玻璃。

## 二、吉利EV450空调制冷系统维护

### （一）检查压缩机有无异响

（1）打开左前车门并安装转向盘套、座椅套和脚垫。

（2）将点火开关置于 ON 位。

（3）按下空调开关。

（4）将冷热风调节旋钮旋至最大制冷量位置，将风量调节旋钮调至最大风量位置。

（5）将其他所有车门打开。

（6）举升车辆并穿戴绝缘防护用具。

（7）判定压缩机工作声音是否正常。可将听诊器直接放在空调压缩机上听取声音。电机及内部零件运转及摩擦声音属正常工作声音。

注意：空调压缩机是一个高压设备，在其与电源相连的任何时候接触空调压缩机，操作人员都必须采取安全防护措施；如发现压缩机异常应立即关闭空调系统，防止损坏进一步加大。

## （二）压缩机绝缘检测

压缩机绝缘检测的步骤如下：

（1）按照正确规范的下电流程对车辆进行下电操作。

（2）打开前机舱盖，安装翼子板布、格栅布。

（3）拔下高压盒高压附件线束插头。

（4）检查绝缘手套绝缘等级及密封性。

（5）佩戴绝缘手套，穿绝缘鞋。

（6）将兆欧表挡位旋至 500 V 挡。

（7）用兆欧表检测高压附件线束插头上 C 端子与车身之间的绝缘电阻（C 端子接压缩机电源正极）。

（8）用兆欧表检测高压附件线束插头上 H 端子与车身之间的绝缘电阻（H 端子接压缩机电源负极）。

（9）安装高压盒高压附件线束插头。

（10）取下格栅布、翼子板布，关闭前机舱盖。

注意：压缩机绝缘电阻阻值为 20 MΩ。当空调制冷系统有适量的冷冻油与制冷剂时，阻值应大于 5 MΩ。

## （三）制冷能力检查

制冷能力检查的流程步骤如下：

（1）打开车门并安装三件套。

（2）将点火开关置于 ON 位。

（3）按下空调开关。

（4）将冷热风调节旋钮旋至制冷位置。

（5）将出风口调至最大位置。

（6）检查各出风口有无冷风，并用手背感觉出风口温度。

（7）关闭空调。

（8）关闭点火开关并拔下钥匙。

（9）取下三件套并关闭车门。

注意：

（1）如果感觉出风口温度不够低，则通过歧管压力表组检测空调制冷系统压力。如果制冷剂剂量不足，则应建议客户进行维修。

（2）当空调高低压侧达到平衡后，高低压侧压力应为 0.6 MPa。如果空调制冷系统已经打开并运行了一段时间，则高压侧压力应在 1.3~1.5 MPa，低压侧压力应在 0.25~0.3 MPa。

## 三、吉利EV450空调暖风系统维护

暖风效果检查步骤如下：

（1）打开车门并安装三件套。

（2）将点火开关置于 ON 位。

（3）按下空调开关。

（4）将冷热风调节旋钮旋至暖风位置。

（5）将出风口调至最大位置。

（6）检查各出风口有无暖风。

（7）暖风功能开启工作几分钟之后，检查吹出的风有无焦煳味，如有焦煳味则建议客户进行维修。

（8）关闭空调。

（9）关闭点火开关并拔下钥匙。

（10）取下三件套并关闭车门。

## 四、更换空调滤芯

空调滤清器的作用是过滤从外界进入车厢内部的空气，使空气的洁净度提高。一般的过滤物质是指空气中包含的杂质，如微小颗粒物、花粉、细菌、工业废气和灰尘等。空调使用一段时间以后，空调滤芯会吸附大量的污染物，如果不及时更换空调滤芯，则其不仅起不到过滤的作用，反而会成为汽车的一大污染源，因此要对空调滤芯进行定期更换。吉利 EV450 空调滤芯，建议每 6 个

月进行一次更换。

更换空调滤芯的步骤如下：

（1）拆下空调滤芯盖板。空调滤芯盖板位于手套箱下部。

（2）取出空调滤芯。

（3）更换新的空调滤芯。

（4）安装空调滤芯。

（5）安装空调滤芯盖板。

## 五、典型案例

一辆行驶里程约 3.8 万千米、驱动电机峰值功率 120 kW、动力电池额定电压 346 V 的帝豪 EV450，客户反映，该车空调不制冷。

故障诊断：首先确定故障现象，经过车辆上电 READY 后，鼓风机风速调至 3 挡，模式风向吹面部，打开空调 A/C 开关，进入 AUTO 模式，出风口未感觉有冷风，确定空调系统存在故障。

此时空调系统现象：①仪表无任何系统故障灯点亮，车辆在空调开启前后整车耗电功率不变。②机舱冷凝风扇高速旋转，A/C 关闭后立刻停止。开启后迅速高速旋转。③高低压管无明显温差。④没有听到压缩机运转声音，也没有感觉到电动压缩机转子运转时壳体明显震动。根据以上现象分析：由①③④都可判定压缩机没有开机；由②的机舱冷凝风扇高速旋转，可判定制冷剂压力在中压以上。

连接空调压力表，A/C 开启前后高低压压力均为 600 kPa 左右。

电子红外温度枪测量：①室内各出风口附近温度为室内温度 32 ℃；②测冷凝器上下表面温度差为 0 ℃。

故障可能：①压缩机工作条件不满足，不开机；②压缩机工作系统出现故障。

空调系统报 U016B87 与 ACCM（空调压缩机模块）通信丢失，状态为当前故障。根据专检引导压缩机无法通信，压缩机和空调热管理系统模块通信是 LIN

线通信。电动压缩机低压控制电路图如图 6-4-2 所示。

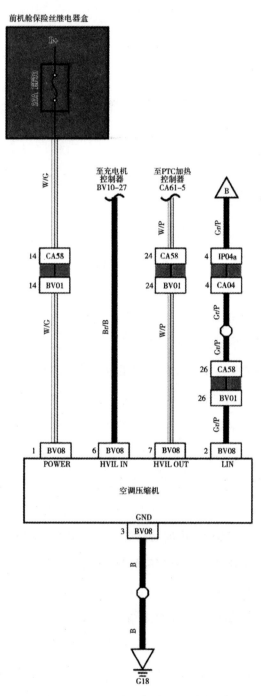

图 6-4-2  空调压缩机电路

车辆加热和制冷共用一根 LIN 线。开启 PTC 加热模式,一切工作正常。间接判定 LIN 线及空调热管理模块电源均工作正常。

万用表测试空调低压控制插头 BV08,1/BV08 电源 +、3/BV08 接地电压 12.9 V,均正常且功率试灯点亮。诊断仪能进入空调控制模块间接证明模块电源正常。

用万用表测试 A/C 开启时,2/BV08LIN 线电压 9.35 V,在正常 8~13 V 范围内。用示波器测试 A/C 开启时 LIN 线波形,测量 LIN 线波形均匀有波动,电压在 1~12.5 V、平均 10.8 V,波形通信正常。

6/BV08、7/BV08 高压互锁线路,控制策略推理互锁不会有问题。假如有问题,车辆不会上电,车辆将无法行驶。

线束正常无破损,插头针脚无腐蚀退针现象。

以上检测均正常,所以故障点锁定在压缩机控制模块内部。

压缩机和压缩机控制模块集成一体,需更换压缩机总成。更换压缩机总成后,压缩机依然没有启动,空调依旧不工作。

空调系统报故障码:① B118F96 压缩机故障,状态当前故障;② B118F16 压缩机欠压故障,状态当前故障;③ U016B87 和 U1118F16 压缩机通信故障,状态历史。清除故障码后重新扫描空调系统,通信故障消失,但又出现①②故障码。按逻辑分析,现在压缩机控制模块开始通信,压缩机自诊断故障码上报出来,而之前没有通信,压缩机自诊断故障码不会报出来,可见通信故障排除,欠压故障出现。

两个故障码主要是压缩机欠压故障引起。压缩机欠压故障可能有两种:①压缩制冷剂压力不足;②压缩机高压供电电压不足。

经分析,若是制冷剂不足则三态压力中压开关不闭合,冷凝风扇不会运转工作,故是压缩机高压输入电压欠压问题。

通过数据流发现输入电压为 3720 mV,正常车辆输入电压也是 3720 mV,可见这个数据是无效数据,不可信。

所以只有带电高压测试输入压缩机高压。但因为压缩机高压插头带互锁,拔掉后互锁断开，车辆立刻断电熄火，无法测量。人为短接互锁线路，强制高压带电测试输入电压则比较危险，不建议使用。

最后采用断高压电测试线路通断。维修压缩机通信故障时，高压能上电，制热 PTC 也能正常工作（制热 PTC 高压和制冷 ACCM 压缩机高压电路是并联电路），证明动力电池到高压配电盒输入线路正常。故障点可能出现在并联支路端即输出端、压缩机高压插头和中间橙色高压导线。高压安全下电后，进行高压线路测试。检测压缩机插头、针脚及高压分配盒至压缩机高压线束均正常，则故障点锁定在高压配电箱内部。此款高压配电箱制热 PTC 和制冷 ACCM 压缩机高压线路内均没有设计高压继电器。在不拆解情况下，测试直流母线正极与 PTC+ 导通，但与 ACCM+ 不导通；直流母线负极与 PTC– 和 ACCM– 均导通，可见在高压分配箱内部输入正极至 ACCM+ 出现短路现象，推测最大可能是内部的 40 A 高压保险丝烧毁。因为高压配电箱和交流充电机集成在一起，于是故障点锁定在交流充电机内部。

更换新的充电机总成后，专检进入 AC 空调模块，无故障码，压缩机欠压故障排除。查看数据流环境温度，蒸发箱温度等参数均正常。进行实车测试，压缩机开始工作，工作电流 5 A 左右，空调制冷系统恢复正常，故障排除。

故障总结：做故障件压缩机和充电机测试，压缩机正负阻值为 0 Ω，二极管管压降为 0 V；测试充电机高压时配电箱内部空调高压保险丝烧毁。烧毁原因分析：压缩机控制模块高压内部短路导致；压缩机控制模块低压通信损坏；压缩机正负极短路导致充电机高压配电箱保险丝烧毁。后来询问车主得知，此车在其他公司充电桩充电时同时打开空调后出现空调不制冷故障。故障可能原因是外部充电桩输出电压不稳定，导致压缩机内部烧毁短路，同时烧毁充电机高压配电箱内的高压保险丝。此故障诊断涉及空调系统压缩机低压电路和高压电路，在维修高压电路时一定要安全规范操作。

# 第五节　吉利 EV450 冷却系统维护与保养

## 一、风扇及水泵检查

冷却水热态下，目视检查风扇是否正常工作。通过观察冷却液补偿水桶是否有冷却水流回判断水泵是否正常，如回水管有水流出则水泵正常，否则水泵损坏。

## 二、冷却液渗漏及液位检查

（1）按规定进行下电操作。

（2）举升车辆。

（3）检查水泵及各水管接头有无渗漏现象，如有渗漏现象，则视情况进行处理。

（4）降下车辆。

（5）检查膨胀水箱冷却液液位，液位应该在 MIN 和 MAX 之间并靠近 MAX。

（6）根据情况适当添加冷却液。

注意：加注的冷却液防冻温度最低约为 −40 ℃，由于冷却液会损坏漆面，在加注时应避免冷却液泼溅到车身漆面上。冷却液有毒，应避免与眼睛、皮肤等接触。

## 三、冷却液更换

建议每两年进行一次冷却液完全更换。冷却液防冻温度最低约为 −40 ℃。整车加注量为 5 L。建议使用专用的冷却液自动更换机加注冷却液。手工加注冷却液的流程（不建议使用）如下：

（1）按规定进行下电操作。

（2）缓慢拧开膨胀水箱盖，小心烫伤。

（3）举升车辆。

（4）拧松冷却液排放螺栓排放冷却液。冷却液排放干净后，拧紧冷却液排放螺栓。

（5）降下车辆。

（6）向膨胀水箱加入指定型号的冷却液，等液面高度位于 MIN 和 MAX 刻线之间时停止加注。

（7）拧上膨胀水箱盖，并对其进行清洁。

（8）按规定进行上电操作，并驾驶车辆行驶，试车一段时间。

（9）举升车辆，并检查冷却液排放螺栓处有无渗漏。

（10）降下车辆，再次检查冷却液液面高度。若高度低于最低液面，则添加适量冷却液至液位接近 MAX 刻线。

注意：

（1）手工加注冷却液可能会导致实际加入量低于标准值，因为在此过程中，存在于驱动电机及控制器中的冷却液无法彻底排出。

（2）在冬季或其他寒冷季节加注完冷却液后要对车辆冰点进行测试，保证冷却液的冰点满足使用要求。

## 四、冷却液冰点测试

### （一）冰点测试仪调零

（1）将冰点测试仪前部对准光亮的方向，用调节手轮调节目镜的折光度，直到能看到清楚的刻度。

（2）打开盖板，在棱镜的表面滴一两滴蒸馏水，盖上盖板并轻轻压平。

（3）调节螺钉，使得明暗分界线和零刻度线一致。

### （二）测试冷却液冰点

（1）打开冰点测试仪盖板，将棱镜表面和盖板上的水分用纱布擦拭干净。

（2）打开膨胀水箱盖，并吸取少许冷却液。

（3）滴一两滴冷却液到棱镜表面上，盖上盖板并轻轻压平。

（4）读取冰点测试仪数值，该数值就是冷却液的冰点。

（5）测量完成后，将棱镜和盖板表面上的液体擦干净，等棱镜和盖板表面变干后，将冰点测试仪收好。

（6）盖上膨胀水箱盖。

# 第六节　车辆充电异常故障诊断与排除

车辆充电异常是指电动车正确连接充电枪或充电桩后不能正确对车辆进行充电。车辆充电异常故障现象可以分为 3 类：车辆不能进入 READY 状态、车辆不能正常充电、车辆充电电流小。

## 一、故障分析

导致车辆不能进入 READY 状态的原因较多，主要有 VCU 故障、电池自身故障等。

车辆不能正常充电的原因如图 6-6-1 所示。

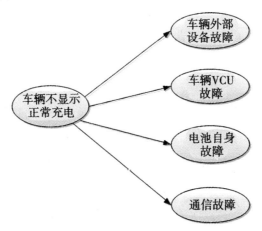

图 6-6-1　车辆不能正常充电

从上图可以看出车辆不能正常充电的原因主要有 4 个：车辆外部设备故障、车辆 VCU 故障、电池自身故障及通信故障。

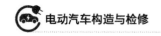

### （一）车辆外部设备故障

车辆充电时需要利用外部设备进行充电。充电的方式有两大类：充电桩充电和家用插座充电。

采用充电桩充电，充电异常则可能是充电桩及线路故障，具体故障点包括充电桩自身故障、充电连接线故障、充电枪故障；采用家用 220 V 插座充电，充电异常主要故障点包括充电插座故障、充电连接线故障、充电枪故障等。

### （二）车辆 VCU 故障

车辆 VCU 发生故障也会使车辆产生充电异常现象。当车辆充电时，无论快充还是慢充，VCU 都需要接收到充电连接信号和充电确认信号，VCU 确认连接好后，通过总线和电池管理系统进行通信，如果是快充，还需要快充继电器闭合后才能正常充电。因此，当 VCU 故障时，车辆是不能正常充电的。车辆 VCU 故障主要原因有 VCU 没有上电、VCU 通信故障和 VCU 损坏。

### （三）电池自身故障

电池是电能的载体，充电的过程就是将电能转化为化学能的过程。当电池自身发生故障时，也会发生充电异常现象。故障的主要原因可能是电池管理系统故障、接口故障、内部传感器故障，或者电池自身的硬件故障等，这时需要对电池进行进一步检查。

### （四）通信故障

新能源汽车采用总线通信，新能源汽车 CAN 总线发生故障会导致充电功能不能开启，车辆不能正常充电。

## 二、故障诊断流程

当车辆发生充电异常故障时，一般需要遵循由简单到复杂的诊断流程，如图 6-6-2 所示。一定要注意：排除故障时，首先判断车辆是否有绝缘故障，确认没有绝缘故障后再进行下列检查，以下流程是在车辆没有绝缘故障的基础上进行的。

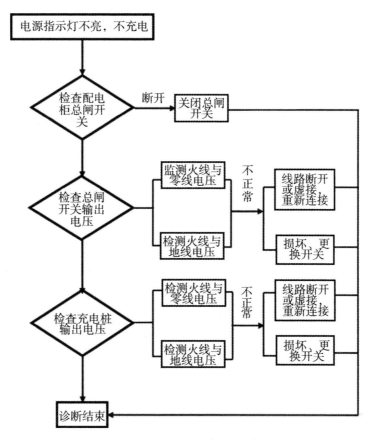

图 6-6-2　车辆充电异常故障诊断流程

当故障发生时，要判断故障是在车外还是在车辆自身。因此首先检查外部充电设备是否正常，如果外部设备正常，则检查车辆自身故障。

当采用家用 220 V 插座进行充电时，具体诊断流程为：插座是否正常供电→插座是否正确接地→充电枪是否有故障→车上的充电连接线是否正常→车载充电器是否正常→低压蓄电池是否正常→ VCU 是否正常工作→ BMS 是否正常工作→更换动力电池总成。

当车辆充电异常，需进行车外检查时，首先检查插座是否正常供电，可用 220 V 的交流试灯（修车灯）等进行测试，如果试灯正常点亮，则说明供电正常，否则更换电源。

如果供电正常，则需要检查插座接地是否正常，可用万用表测量接地情况。若接地不良，则需更换插座后重新进行测试。

排除插座故障后，需要检查交流充电枪是否发生故障。

交流充电枪接口如图 6-6-3 所示。

图 6-6-3　交流充电枪接口

接口中，1 号端子为 CC 端子，即连接确认信号端子。当充电枪正常连接 220 V 插座后，该端子电压为 12 V；按下充电枪上的蓝色按钮，该电子电压应为 0 V；当充电枪和车上充电接口连接后，该端子电压降到 2 V 以下。

2 号端子为充电控制确认信号端子。当充电枪连接 220 V 插座后，该端子电压应低于 2 V，充电枪和车上充电接口连接后，该端子电压上升到 8 V 以上。

3 号端子为相线端子，5 号端子为中性线端子。充电枪和车上充电接口连接前，两端子之间无电压；当正常连接后，两端子之间电压为 220 V。

4 号端子为接地端子，该端子电压一直为 0 V。

通过检查以上端子情况，可以判断充电枪是否正常工作。如果充电枪有故障，则需要进行更换。检查充电枪无故障，则需要检查连接车载充电机的线束和车载充电机是否正常。充电连接线可以采用测通断的方式来检查。

正常情况下，车载充电机的 POWER 灯和 RUN 灯应正常点亮，且为绿色，否则，更换车载充电机。

如果检查车载充电机后仍不能正常充电，则检查是否是低压蓄电池亏电导致车上低压控制不能实现。

以上检查完成后，仍不能进行充电，则可怀疑是否 VCU 故障。VCU 故障检查较为复杂，需要进行专业检查。

确定非 VCU 故障后，故障仍不能排除，则可怀疑电池管理系统故障或电池内部故障，此类故障需进行专业检查。

## 三、案例诊断

### （一）应用案例

一辆吉利 EV450 电动汽车，充电时连接充电枪，插枪后仪表显示充电界面，提醒请连接充电枪，无充电连接符号，无充电电流，无法正常充电。经检查，充电枪内部电阻损坏，修复后故障消失，正常充电。

### （二）诊断流程

（1）根据客户描述的故障现象检查组合仪表的故障提示信息，发现组合仪表显示充电界面、续航里程、动力电池电压，充电电流为 1 A（慢充），提示请连接充电枪，不显示充电连接符号。

（2）检查充电连接插座是否正常供电。经检查，供电电压正常，为 220 V。

（3）检查充电连接插座是否正常接地。经检查，接地正常。

（4）检查充电枪 CC 端子是否故障。拔下交流充电线、交流充电枪，用万用表测量 CC 端子电压，电压为 12 V，正常。将诊断引线插入交流充电接口 CC 端子，插上交流充电枪，用万用表测量 CP 端子电压，电压为 13.9 V，说明该端子没有正常连接。

（5）拔下交流充电枪，拔下慢充连接线、交流插头，测量交流充电枪 CC 端子与 E 端子之间的电阻，测量值为无穷大（正常阻值应为 677 Ω），因此判断交流充电枪内部出现电路故障。

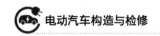

（6）更换新的充电枪后，充电界面显示充电连接符号，慢充正常。至此，故障排除。

# 第七节　动力电池异常断开故障诊断与排除

动力电池异常断开情况分为两种：一种是动力电池自身、高压电路等发生故障，导致电能不能从动力电池输出给用电设备（包括驱动电机及高压附件等）；另一种是绝缘故障、动力电池管理系统故障、VCU 故障或总线故障等导致的 VCU 不能正确获取电池状态，认为电池处于某种不正常情况下的断开状态。

## 一、基本诊断思路

### （一）故障诊断仪读取数据

进行动力电池系统诊断时，应利用故障诊断仪读取动力电池组数据，并配合接线板进行实测，通过最终数据判断是动力电池故障，还是电源管理控制器、高压配电箱或其他组件故障。如果单节动力电池电压值异常，单节电压过高会导致无法充电，电压过低会导致断电保护。充电过程中，单节最高电压应低于 3.8 V；行车过程中，单节电压低于 2.4 V 时系统报警，低于 2.2 V 会断电保护。如果单节动力电池温度过高会导致无法充电（高于 65 ℃时会进行充电保护）。

### （二）外观及漏电检测

进行动力电池组外观是否损坏、漏液，以及动力电池组对外绝缘电阻的检测。动力电池组对外绝缘电阻要求如下：

（1）绝缘电阻值的要求。在动力电池的整个寿命内，根据标准计算方法计算得到绝缘电阻值，必须大于 100 Ω/V。

（2）测试前要求。在整个测试过程中，动力电池的开路电压等于或高于其标称电压值，动力电池两极应与动力装置断开。

（3）测量工具。能够测量直流电压的电压表，其内阻应大于 10 MΩ。

## （三）上电流程

上电流程确认动力电池系统工作是否正常。以比亚迪 E6 为例，其上电流程如图 6-7-1 所示。

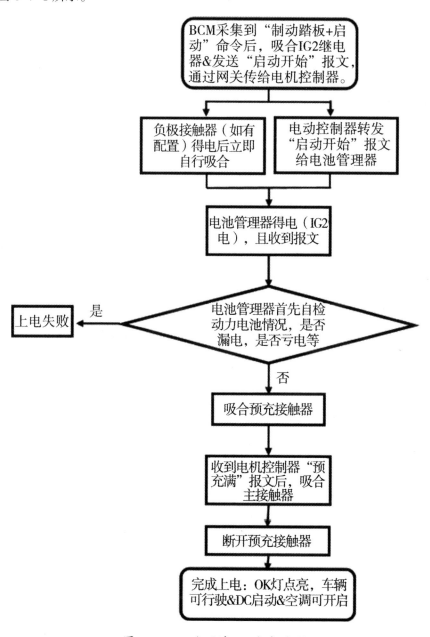

图 6-7-1　比亚迪 E6 上电流程

## 二、电源管理控制器发生故障的诊断与排除

### （一）电源管理控制器故障症状与可能原因

#### 1. 故障症状

纯电动汽车的电源管理控制器发生故障时，会导致高电压系统内接触器不能工作，使车辆失去动力而不能行驶，同时位于仪表盘的动力系统故障指示灯将点亮。

#### 2. 可能原因

造成电源管理控制器故障的主要原因是电源供电异常、搭铁不良或控制器自身损坏。

### （二）电源管理控制器故障诊断方法

以比亚迪 E6 为例（其他车型可参考），电源管理控制器故障诊断与排除步骤如下。

#### 1. 读取故障码

使用诊断仪读取故障码（DTC），电源管理控制器可能存在以下 DTC：

P1A58-00：电池管理系统初始化错误。

#### 2. 故障检测

根据 DTC 提示进行故障检测，包括电源和搭铁的线路检测。电源与搭铁诊断时参考的电路图如图 6-7-2 所示。

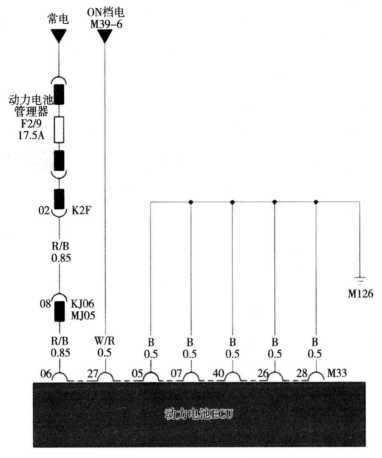

图 6-7-2　比亚迪 E6 电源管理控制器电源和搭铁电路图

（1）使用万用表测量电源管理控制器 M33-6 号端子的电压，标准值：动力电池电压。

（2）使用万用表测量电源管理控制器 M33-27 号端子的电压，在点火开关 ON 时，标准值：12 V 蓄电池电压。

（3）使用万用表测量 M33-5、7、40、26、28 号端子的电阻，在动力电池负极断开的情况下，标准值：在车身搭铁电阻 0.2 Ω 以下。

**3. 电源管理控制器其他故障诊断**

（1）典型故障码（DTC）。

P1A40-00：单节动力电池温度传感器故障。可能的故障范围：温度传感器、线束。

（2）DTC诊断步骤。参考维修手册制订DTC诊断步骤执行诊断。

（3）DTC诊断时参考的电路图如图6-7-3所示。

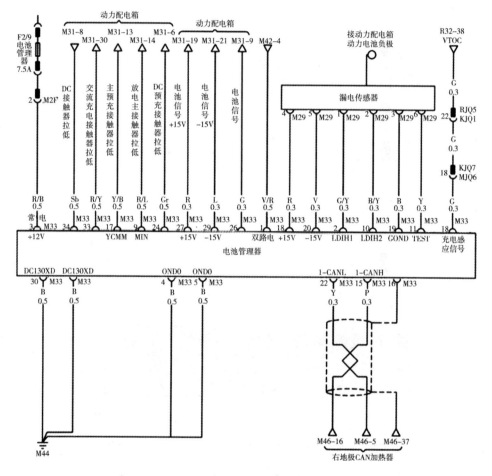

图6-7-3　比亚迪E6电源管理控制器电路图

（4）电源管理控制器端子定位与标准参考值，如图6-7-4和表6-5所示。

**M31**

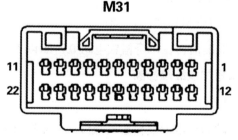

图6-7-4　比亚迪E6电源管理控制器端子图

### 表 6-5　比亚迪 E6 电源管理控制器端子标准参考值

| 连接端子 | 端子描述 | 条件 | 正常值 |
|---|---|---|---|
| 1~车身地 | ON 挡电源 | 充电或电源 ON 挡 | 11~14 V |
| 2~车身地 | ON 挡电源 | 充电或电源 ON 挡 | 11~14 V |
| 3~车身地 | ON 挡电源 | 电源 ON 挡 | 11~14 V |
| 4~车身地 | 双路电 | 充电或电源 ON 挡 | 11~14 V |
| 5~车身地 | 双路电 | 充电或电源 ON 挡 | 11~14 V |
| 6~车身地 | DC 预充控制 | DC 预充时 | 小于 1 V |
| 8~车身地 | DC 接触器控制 | 充电或电源 ON 挡 | 小于 1 V |
| 9~车身地 | 电流霍尔信号 | 电流信号 | —— |
| 10~车身地 | 车身地 | 始终 | 小于 1 V |
| 12~车身地 | 仪表常电 | ON 挡 | 11~14 V |
| 13~车身地 | 预充接触器控制 | 启动 | 小于 1 V |
| 14~车身地 | 正极接触器控制 | 电源 OK 挡 | 小于 1 V |
| 15~车身地 | PTC 接触器控制 | 打开空调 | 小于 1 V |
| 16~车身地 | 烧结监测正 | 电源 OFF 挡 | 11~14 V |
| 17~车身地 | 烧结监测负 | 电源 OFF 挡 | 小于 1 V |
| 19~车身地 | +15 V 电源 | 充电或电源 ON 挡 | 约 +15 V |
| 20~车身地 | 交流充电接触器控制 | 交流充电 | 小于 1 V |
| 21~车身地 | −15 V 电源 | 充电或电源 ON 挡 | 约 −15 V |

## 三、电源管理控制器更换流程

### （一）电源管理控制器更换流程

（1）将车辆退电至 OFF 挡，拆下后排座椅，断开维修开关，等待 5 分钟。

（2）拔掉电源管理控制器上连接动力电池的采样线和整车低压线束的接插件，拔掉整车低压线束在电源管理控制器支架上的固定卡扣。

（3）用 10 号套筒扳手拆卸电源管理控制器的固定螺母。

（4）更换电源管理控制器，插上动力电池采样线和整车低压线束的接插件，插上维修开关手柄。

（5）断开维修开关，用10号套筒扳手拧紧电源管理控制器的固定螺母。

（6）插上维修开关手柄，完成更换。

### （二）高压配电箱发生故障的诊断与排除

高压配电箱是控制高电压接通与关闭的执行部件，内部由多个接触器与继电器组成，这些接触器或继电器由电源管理控制器控制。电源管理控制器是高压配电箱内接触器的诊断主控模块，它可以诊断接触器是否按照预定的要求打开与关闭，是否有不正常的吸合，如接触器烧蚀会产生接触器类故障码。

高压配电箱故障症状与可能原因如下。

#### 1. 故障症状

（1）高压配电箱内接触器或继电器存在故障时，会导致高电压系统内接触器不能工作，使车辆失去动力。

（2）位于仪表盘的动力系统故障指示灯⚡将点亮。

#### 2. 故障可能原因

接触器自身线圈损坏或者控制线路接触不良。

排除方法：检修线路，更换高压配电箱。

### （三）高压配电箱故障诊断方法

以比亚迪E6为例（其他车型可参考），高压配电箱故障诊断与排除步骤如下。

#### 1. 读取 DTC

使用诊断仪读取可能存在的以下DTC：

P1A5D-00：电机控制器预充未完成。

#### 2. 故障检测

根据DTC提示进行故障检测，包括电源和搭铁的线路检测。电源与搭铁诊断时参考的电路图如图6-7-5和图6-7-6所示。

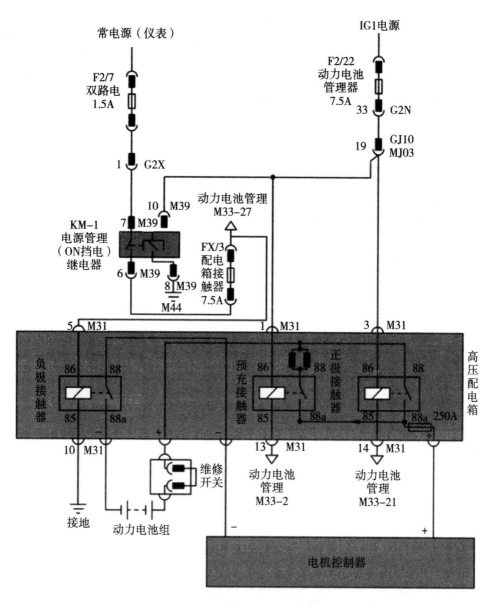

图 6-7-5　比亚迪 E6 高压配电箱驱动系统电路图

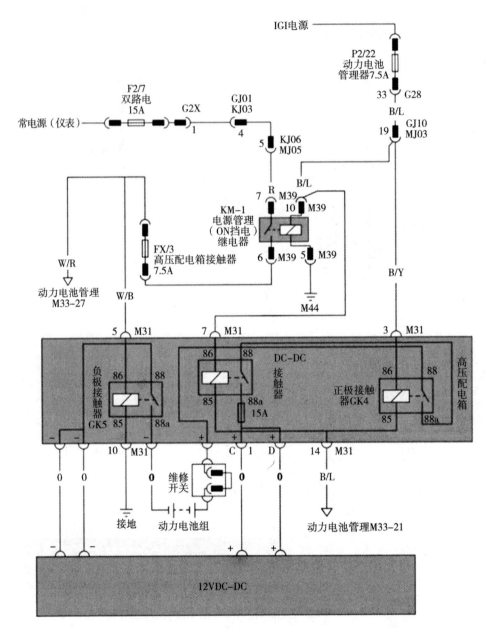

图6-7-6 比亚迪E6高压配电箱在DC/DC系统内的高压电路图

### 3. 高压配电箱端子测量

高压配电箱端子测量如下:

（1）拔下高压配电箱M31连接器。

（2）测量线束端连接器各端子间电压或电阻（如图 6-7-7 所示）。

如果测量值不符合标准，应进行更换或维修，标准参数如表 6-6。

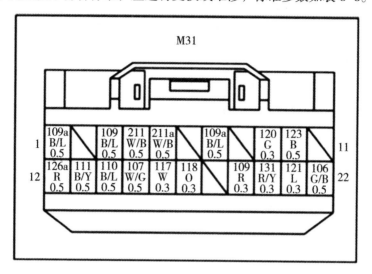

图 6-7-7　高压配电箱端子图

表 6-6　高压配电箱端子标准参数

| 端子 | 线色 | 条件 | 正常值 |
|---|---|---|---|
| M31-1- 车身地 | G | 电源打到 ON 挡 | 11~14 V |
| M31-3- 车身地 | B/Y | 电源打到 ON 挡 | 11~14 V |
| M31-10- 车身地 | B | 始终 | 小于 1Ω |

## 三、动力电池异常断开的故障点分析

### （一）电池电压高

满电静置后，电池单只或几只电压明显偏高，其他单体正常。

故障原因：①采集误差；②LMU 均衡功能差或失效；③电芯容量低，充电时电压上升较快。

处理方法：①单体电压显示值较其余单体偏高，与测量单体实际电压值进行比对，若实际值较显示值低，且与其他单体电压相同，则以实际值为标准对 LMU 单体电压进行校准；若测量值与显示值相符，则人工对单体电池进行放电均衡。②检查电压采样线是否断裂、虚接。③更换 LMU。

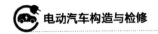

## （二）电池电压低

满电静置后，电池单只或几只单体电压明显偏低，其他单体正常。

故障原因：①采集误差；②LMU 均衡功能差或失效；③电芯自放电率大；④电芯容量低，放电时电压下降较快。

处理方法：①单体电压显示值较其余单体偏低，与测量单体实际电压值进行比对，若实际值较显示值高，且与其他单体电压相同，则以实际值为标准对 LMU 单体电压进行校准；若测量值与显示值相符，则人工对单体电池进行充电均衡。②检查电压采样线是否断裂、虚接。③更换 LMU。④对故障电池包进行更换。

## （三）压差

动态压差 / 静态压差：充电时单体电压迅速至满电截止电压跳枪；踩油门时，单体电压比其他电池下降迅速；踩刹车时，单体电压比其他电池上升迅速。

故障原因：①连接电池铜牌紧固螺母松动；②连接面有污物；③电芯自放电率大；④电芯焊接连接铜牌开焊（造成该串单体容量低）；⑤个别单体电芯漏液。

处理方法：①对螺母进行紧固；②清除连接面异物；③对单串电池进行充 / 放电均衡；④对问题电池包进行更换。

## （四）电压跳变

车辆运行或充电时，单体电压跳变。

故障原因：①电压采集线连接点松动；②LMU 故障。

处理方法：①对连接点进行紧固；②更换 LMU。

## 四、交流充电桩常见故障

交流充电桩在使用过程中，主回路直接受到电流、电压应力的影响是交流充电桩故障的主要原因。故将充电桩按照故障状态分为两大类：第一类，充电桩电源指示灯不亮，不能充电；第二类，物理连接已完成，已启动充电，但不能充电。

## （一）第一类故障诊断及排除

故障原因：

（1）充电电源连接不正常。

（2）交流充电连接装置没有正确连接。

（3）充电桩线路故障。

根据第一类故障可能存在的原因进行具体诊断，流程如图 6-7-8 所示。

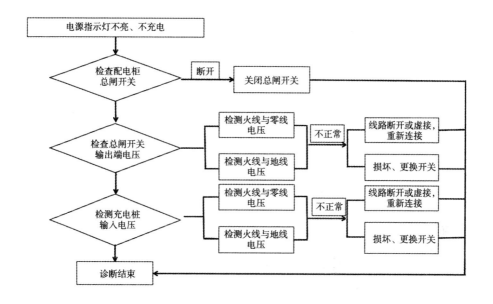

图 6-7-8　故障诊断流程图

首先，根据故障现象检查配电柜总闸开关，正常工作时总闸开关闭合，若断开，则关闭总闸开关；其次，检测总闸开关输出电压、火线与零线电压、火线与地线电压是否为 220 V，若不正常，则说明线路断开、虚接或损坏，需要重新检查并连接线路或更换开关；再次，检测充电桩输入电压、火线与零线电压、火线与地线电压是否为 220 V，若不正常，则说明线路断开或损坏，需要重新连接线路或更换开关。

## （二）第二类故障诊断及排除

第二类故障是在电源供电正常，并且充电前充电插头与车辆电池接口正确连接及设备停机状态下所出现的故障，主要有 7 种。

（1）正常充电状态，监控系统显示数据为 0，原因可能是充电桩与监控系统之间数据通信出现故障。

（2）正常充电状态下，充电电流小于 20 A，原因是充电桩显示屏及充电程序出现故障。

（3）无法正常充电或无法进入充电操作界面，原因是充电桩与监控系统之间数据通信可能出现故障。

（4）重启充电桩显示屏充电程序后 BMS 无通信，原因是充电桩与监控系统之间数据通信可能出现故障。

（5）BMS 状态正常，充电电压正常充电电流为 0，可能是充电急停按钮误按下。

（6）BMS 状态正常，无充电电压，也可能是充电急停按钮误按下。

（7）BMS 状态正常，充电电压变化，充电电流为 0，可能的原因是充电模块故障。

针对以上 7 种故障现象，给出处理方案，如表 6-7 所示。

表 6-7　第二类故障诊断及排除

| 序号 | 现象 | 处理方案 | | | 备注 |
| --- | --- | --- | --- | --- | --- |
| | | A | B | C | |
| 1 | 正常充电状态，监控系统显示数据为 0 | 关闭监控系统 Main 及服务器软件，再重启 | 重启充电桩显示屏 | 上电重启充电桩显示系统及充电程序 | |
| 2 | 正常充电状态下，充电电流小于 20 A | 重启充电桩显示程序 | 上电重启充电桩显示系统及充电程序 | 重新安装充电桩显示屏及充电程序 | |
| 3 | 无法正常充电或无法进入充电操作界面 | 检查充电桩显示屏上各参数是否正确 | 上电重启充电桩显示系统及充电程序 | 重新安装充电桩显示屏及充电程序 | |
| 4 | 重启充电桩显示屏充电程序后 BMS 无通信 | 上电重启充电桩显示系统及充电程序 | 重新安装充电桩显示屏及充电程序 | 更换 CAN 总线模块 200T | |

（续表）

| 序号 | 现象 | 处理方案 | | | 备注 |
|---|---|---|---|---|---|
| | | A | B | C | |
| 5 | BMS 状态正常，充电电压正常，充电电流为 0 | 解除急停状态 | 检查车辆电池及 BMS 系统 | | |
| 6 | BMS 状态正常，无充电电压 | 解除急停状态 | 检查车辆电池及 BMS 系统 | | |
| 7 | BMS 状态正常，充电电压变化，充电电流为 0 | 更换充电模块 | | | 电压变化范围 20~450 V |

# 第七章　电动汽车常见故障分析

# 第一节　电动汽车使用常识

## 一、整车没电的原因

（1）保险丝损坏，用万用表测量电池端电压，如有电压输出则正常；如无电压输出则保险丝损坏或电池接插头掉或电池损坏。

（2）接线插头松动，检查电源开关接插件。

（3）电源开关损坏，用万用表测量电源开关输入、输出线两端电压，如有正常电压输出则电源开关正常；如无电压输出，则电源开关损坏（在电池有电压输出情况下），应予以维修或更换。

## 二、充电机不充电的原因

（1）充电机保险丝烧坏，此时充电机各指示灯均不亮，须更换保险丝。

（2）电池组线掉，则把电池连接线接好。

（3）充电机插头和电池插座接插不到位，应重新接插。

（4）充电机损坏，此时充电机保险丝正常，用万用表测充电机输出电压应为零。

注意：我们使用的是智能充电机，具有欠压、过压保护功能，在电压不稳定或电池充满电的情况下会自动断电停机。在这种情况下，应先断开电源、停止使用充电机，过十几分钟后重新使用。

## 三、电动机运行时产生大量火花、局部过热、抖动的原因

（1）电动机进水造成短路把电动机烧坏。

（2）电动机超负载运行使换向器短路烧坏。现象是换向器变黑（电动机超负载运行不能超过一分钟）。

## 四、电动机异响的原因

（1）电动机和后桥连接同心度达不到标准。

（2）电刷和换向器接合不好，需校正调整。

（3）电动机里面转子上的轴承损坏，需更换。

## 五、电动机不转的原因

（1）保险丝烧掉，需更换。

（2）电源开关损坏，需更换电源开关。判断方法：打开电源开关，用万用表欧姆挡测量一下电源开关的输入端与输出端之间的电阻，如电阻值为零则正常；如电阻值无穷大，则电源开关损坏。

（3）加速器损坏。用万用表直流电压挡测量一下加速器输出端电压，如有电压输出则正常；如无电压输出则不正常，加速器损坏，需更换。

（4）控制器损坏，需更换电控。用万用表测量电控输出端电压，有输出电压则好，无则坏。

（5）电动机烧坏，更换电动机。

（6）电动机各连接线线头松动，把电动机各连接线头重新检查一遍。

## 六、刹车不灵的原因

（1）检查刹车油壶里制动液是否缺少，如少则加液。

（2）检查制动油壶、制动油管是否漏油，如有则更换。

（3）检查刹车片是否磨损严重，如磨损严重则更换。

（4）检查制动轮毂刹车片间隙，调整正常（正常是2~4毫米）。

## 七、转向不灵活的原因

（1）如方向机固定螺栓松动导致方向机位置变形，则紧固螺栓。

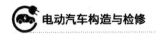

（2）如果方向机间隙过大，则调整方向机、调整螺母。

（3）检查方向机轴承是否损坏，如损坏则更换轴承。

## 八、电动汽车充电情况

电动汽车充电方便快捷，凡有 220 V 交流电源的地方均可充电。充电时，先将充电器的输出端插头与电池充电插孔连接，再将充电器输入端插头接通交流电源，充满后须先切断电源再拔下充电器。

（1）电池充一次电，电耗量是多少？

电池充满一次电，最多耗电 7~10 度，费用极为低廉。

（2）电动汽车充一次电需要多长时间？

充电时间视电池使用后余电量多少而不一，一般为 10~12 小时。

## 九、影响电池寿命的因素

（1）行驶路程长短。

（2）路况。

（3）充电方法正确与否。

（4）充电器的匹配及合理使用。

（5）充电器和控制器充、放电性能好坏等。

## 十、动力电池不要过度充电和放电

行车前查看仪表盘，确认电池系统有无故障码图标，有故障图标则不能驾驶。

检查电池电量，大于 50% 较好，低于 30% 应尽快充电。换句话说，低于30% 就是电池过放电，过充电就是正常 8~10 小时充满电后，还保持不停地充电。最好每天充电，坚持每天充电能提高电池的活性，经常等到没电了再去充电则会降低电池的寿命。

### 十一、长期搁置的电池最好充满电再使用

长期搁置时间超过 3 个月的动力电池，建议不要立即使用，最好先充满电之后再用。长期存放不使用车辆时，应先充电至 100%。每周至少充满一次，目的是进行电池均衡。每月至少进行一次满充满放。与此同时，也应该注意仪表上动力电池剩余行驶里程，最好不要超过满电状态下最长行驶里程的 2/3 再去充电。

### 十二、电池包切忌碰撞

电动汽车动力电池组一般布置在承载式车身底部，当车辆经过一些坑洼路面时，切记注意底盘的剐碰。另外，车辆发生碰撞事故后，必须及时检查动力电池组的损坏程度，否则动力电池组很可能因为碰撞发生变形，进而导致动力电池组内部短路，最终引起局部过热。

### 十三、电动汽车清洗时，动力电池组不能进水

虽然电动汽车的防水性和密封性是 IP67，但是在清洗电动汽车时，最好不要把高压水枪直接对着动力电池进行清洗，否则很可能因为个别部件密封不严而进水短路，后果可能会很严重，所以在电动汽车清洗过程中，要注意清洗的部位和高压水枪的压力。

### 十四、注意电动汽车的使用温度

电动汽车最佳使用温度在 10 ℃ ~ 30 ℃，并保证良好的通风散热。环境温度过低，会导致动力电池充电不足，容量下降，在放电过程中易导致电池寿命降低。环境温度过高，易引发动力电池过热失控，在充电过程中电池过热膨胀，损坏动力电池。

### 十五、动力电池过热报警时，一定要停车散热

电动汽车行车电脑对动力电池的过热保护做得非常到位。因此当车辆出现

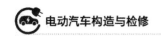

动力电池过热报警时，一定要停车并对动力电池进行充分散热。不要在动力电池过热报警情况下依然行驶，那样很可能造成动力电池过热甚至车辆自燃。

### 十六、消防装备不可少，充电设备精度高

无论燃油汽车还是电动汽车都存在一定的自燃风险，尤其是在炎热的夏季，因此车上应该配备灭火器、逃生锤之类的消防器械，以防不测。另外电动汽车充电装置的充电精度一定要高，最好使用原厂的充电设备进行充电，充电精度高对动力电池是有很大好处的。

# 第二节　电动汽车充电系统常见故障诊断及排除

通常而言，电动汽车充电系统常见故障可以分为以下几种。

## 一、快充常见的故障诊断及排除

### （一）充电桩显示未与车辆连接

这时需要详细检查快充口 $CC_1$ 端和 PE 端是否存在 $1\,k\Omega$ 电阻、快充口导电层是否存在脱落现象及充电枪 $CC_2$ 与 PE 间是否导通。

### （二）动力电池继电器未闭合

对充电桩输出正极唤醒信号进行详细检查，对充电桩输出负极唤醒信号和 PE 间的导通性进行检查，确认充电桩 CAN 通信处于正常状态。

### （三）电池继电器正常闭合，但无电流输出

此故障需要对以下部分进行检查：首先，看连接器连接状态是否正常；其次，看高压熔断丝是否出现熔断现象；最后，检查使能信号输入是否保持在 12 V。

## 二、慢充常见的故障诊断与检修

以下主要以北汽 EV450 车辆为例，对慢充常见的故障诊断与检修进行详细介绍。

### （一）车辆无法实现正常充电

故障现象：车辆在借助充电桩进行充电过程中，充电桩指示灯和充电器电源均处于正常状态，但是车辆充电未进行。

可能原因：有三点，即动力电池控制器出现故障、动力电池出现故障和通信故障。

故障诊断与检修：根据上述得知充电桩和充电器都处于工作状态，这时可以将通信和动力电池内部作为首要的检查对象。之后，借助故障监测仪实现对故障码和数据流的检测，并读出故障码和数据流。同时，动力电池单体电芯的最高和最低电压分别为 3.2 V 和 2.56 V，单体电芯电压差为 640 mV，大于相关标准（500 mV），这时动力电池管理系统就会启动充、放电保护，充电也就无法进行。因此，需要对现有的动力电池单体电芯予以更换，以此使存在于动力电池中的故障予以排除，保证车辆正常充电。

故障分析：在上述对故障予以诊断和检修的过程中可以发现，动力电池想要更好地进行充电，需要具备以下多个条件：

（1）要保证充电桩与充电器或快充桩与动力电池间的通信相匹配。

（2）保证车载充电器处于正常工作状态。

（3）保证整车控制器、充电器和动力电池控制器通信的正常状态。

（4）确保唤醒信号正常。

（5）无论是整车控制器还是动力电池控制器信号要保证正常。

（6）要将单体电芯间的电压差控制在 500 mV 内。

（7）避免高压电路中存在绝缘故障。

（8）对动力电池内部温度进行合理控制，保证其处于相关温度标准内。

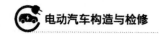

### （二）充电过程中充电桩出现跳闸现象

**故障现象：** 电动汽车充电过程中充电桩跳闸，充电无法顺利进行。

**可能原因：** 充电器内部短路。

**故障诊断与排除：** 首先，对电压、充电桩 CP 线和充电器间的连接予以检查；其次，充电线束、高压线束、充电器等是否绝缘也要进行详细检查。上述两项检查均属于正常状态，则可以断定是充电器故障导致的，需要更换充电器，从而使故障得以排除。

**故障分析：** 根据此类故障现象可以得知，出现充电桩跳闸的情况也是唤醒信号和互锁电路正常的体现，由此可以推断出是充电器内部短路造成的故障现象。

### （三）充电器指示灯不亮

**故障现象：** 在借助充电桩为车辆充电过程中，连接电源后其指示灯不亮，车辆充电无法进行。

**可能原因：** 上述故障可能是由充电器故障、充电唤醒信号断开或互锁电路故障导致的。

**故障诊断与排除：** 对置于 FU 低压熔断丝盒中的电池充电熔断丝和充电器低压电源进行检查，并利用万用表将其旋至直流电压挡，测量其充电器低压电源是否处于正常状态。如果正常，那么就要将侧重点转移至充电系统连接插件上，看其是否存在无退针和腐蚀生锈现象，如果存在，则需要将现有的充电器进行更换，从而使故障得到有效排除。

**故障分析：** 检查过程中如果充电工作指示灯不亮，而检查充电器低压供电却处于正常工作状态，则可以断定是充电器故障导致的。

# 第三节　电动汽车跛行故障诊断与排除

## 一、故障现象

一辆 2018 款吉利 EV450 纯电动汽车，在进行高频率的高压拆装、低压控制系统拆装与检测、线路短路和互短试验、故障诊断与排除大赛训练后，仪表上动力电池过热指示灯亮，跛行指示灯亮，车辆不能高速行驶，只能跛行。

## 二、初步诊断

利用故障诊断仪读取故障码，在 VCU（整车控制器）模块中读取的故障代码是 P1C2604——BMS 报动力电池放电系统故障 2 级 / 当前码。进入 BMS（电池管理系统），读得的故障代码为 P156609——当前故障，温度传感器故障（严重）；P159600——当前故障，电压传感器故障；P15DA67——当前故障，菊花链不更新故障。温度传感器故障是电池包内部故障，需要更换温度传感器或线束；电压传感器故障也是电池包内部故障，该故障需要更换电池管理单元（CSC）或相关线束；菊花链不更新故障也是电池包内部故障，表示电池包内部通信异常，需要检测 C-CAN。

## 三、数据流分析

在环境温度为 20 ℃ ~30 ℃情况下，可利用故障诊断仪读取数据流，其相关数据如下：1 号 ~5 号模组的各自 1 号温度值和 2 号温度都为 87.5 ℃；6 号模组 1 号温度值和 2 号温度为 25 ℃；7 号模组 1 号温度值和 2 号温度为 26 ℃。电池包总电压 311.8 V；但是同时，数据流也显示电池包最高温度 26 ℃。2018 款吉利 EV450 纯电动汽车动力电池采用三元锂电池，额定电压为 346 V，共有 17 个模组。动力电池总成安装在车身下部。动力电池的组成部件包括：多模组、CSC 采集系统、电池控制单元（BMU）、电池高压分配单元（B-BOX）等部件，如图

7-3-1 所示。电池模组的连接方式如图 7-3-2 所示。电池模组 1、2、13、14、15、16、17 采用的是 1P5S 结构，其余的 10 个模组采用的是 1P6S 的结构。

图 7-3-1  吉利 EV450 动力电池组

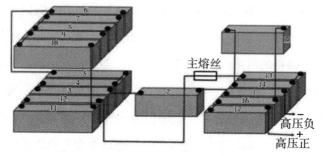

图 7-3-2  EV450 动力电池组的模组连接方式

如图 7-3-2 所示，EV450 动力电池组的每个电池模组将多个单体电池按照串联方式组合，且只有一对正负极输出端子，并作为电源使用的组合体。每一个电池单元有多个 CSC 采集系统，用来监测每个电池单体的电压、温度信息。CSC 采集系统将相关信息上报 BMU，并根据 BMU 的指令执行单体电池电压均衡。BMU 安装于动力电池总成内部，是电池管理系统的核心部件，电池控制单元将单体电池电压、电流、温度及整车高压绝缘等信息上报 VCU 并根据 VCU 的指令完成对动力电池的控制。电池高压分配单元安装在动力电池总成的正负极输出端，由高压正极继电器、高压负极继电器、预充继电器、电流传感器和预充电阻等组成。

图 7-3-3 所示的模组采用 1P5S 结构，除了 5 个单体电池外，该电池模组上

面还有 2 个温度传感器、5 个电压传感器、熔断器、柔性印制电路等，在电池模组顶端有线束连接器，柔性印制电路通过连接器和硬线与 BMU 建立通信。

图 7-3-3　电池模组的 1P5S 结构

电池管理系统 BMS 能够对动力电池组总电压、总电流、每个测点温度和电池单体的电压参数进行实时监控，并进行故障诊断、剩余电量比（SOC）计算、短路保护、漏电监测、报警显示、充放电模式选择等。BMS 可以将动力电池相关参数上报 VCU，由 VCU 控制动力电池的充电和放电功率。当动力电池温度低于 –20 ℃时，动力电池无法充电。此时需通过交流充电的方法使空调工作并对动力电池进行加热，当动力电池温度达到 –20 ℃至 55 ℃的正常工作温度时，系统切换到正常交流充电流程。

通过数据流分析，当前电池包温度应为 25 ℃ ~26 ℃；但是电池模组 1 号 ~5 号的温度达到 87.5 ℃，说明异常；6 号 ~7 号电池模组温度正常；动力电池额定电压为 346 V，当前为 311.8 V，异常。

## 四、故障原因

通过以上分析，可以初步判断故障的可能原因是 1 号 ~5 号电池模组的通信线路出现故障。可能的故障原因有温度传感器、柔性印制电路、VCU 本体、VCU 线束、BMU 本体、模组电池本体等线路或部件损坏。

## 五、故障排除

按照标准流程进行高压断路，排净动力蓄电池冷却液，将动力蓄电池从车上拆下，打开动力蓄电池上护盖，拆下电池高压分配单元（B-BOX）护盖，测

量动力电池总电压，总电压是 345 V，这与诊断仪显示的总电压为 311.8 V 的数据相矛盾，说明单体电池是好的。

分别拆下 1~5 号电池模组，打开 1~5 号电池模组的护盖，观察电池模组上面的外观，无异常现象，由于温度传感器线路、电压传感器线路、熔断器等部件集成在柔性印制电路上，由于技术保密的原因无法查找到电池管理系统的电路图，因此无法对柔性印制电路及其相关电路进行检测，只能用替换法进行诊断与排除，分别替换掉 1~5 号电池模组的柔性印制电路。

然后安装好各电池模组，将动力蓄电池安装上车，连接好线束和冷却管路，将车辆启动至 ON 挡且非充电状态，连接故障诊断仪，加注冷却液，操作控制诊断仪，初始化。随后使用诊断仪进行冷却系统的排气，如果液位下降，则及时补充冷却液，排气过程时长不小于 10 分钟。最后启动车辆，高压上电成功，故障指示灯不亮，读取故障和数据流，均显示正常，车辆可以高速行驶，故障排除成功。这说明柔性印制电路（含温度和电压传感器、熔断器等）有故障，导致车辆判断动力电池温度偏高，故进行降功率行驶，不能高速行驶。以上通过排除 2018 款吉利 EV450 纯电动汽车跛行的故障，介绍了该款纯电动汽车动力蓄电池的组成和工作原理。读取故障码和数据流，并对数据流进行分析，可判断出可能的故障原因。对动力蓄电池的故障部位进行检测，对没有电路图的故障部位，或者无法检测的部件，例如柔性印制电路等，可以采用替换法进行诊断与排除。

# 第四节  电动汽车高压上电流程及故障诊断

## 一、概述

电动汽车频发故障，具体表现为故障报警、限功率运行、车辆无法上电等故障现象，其中车辆无法完成高压上电是多数故障发生后的车辆最终表现，出现频率较高。行业专家对电动汽车上电故障、上电流程、上电控制策略已经做了大量的研究工作，取得了较好的研究成果。

下面以电动汽车为例，研究其上电流程及控制策略，分析高压上电故障、READY 灯点亮失败的可能原因，并提出相关的诊断方法。

## 二、高压上电流程

电动汽车高压上电，即动力电池输出高压电，供给车辆高压用电设备，如高压控制盒、电机控制器、驱动电机等。图 7-4-1 为某型纯电动汽车动力电池的上电过程原理。

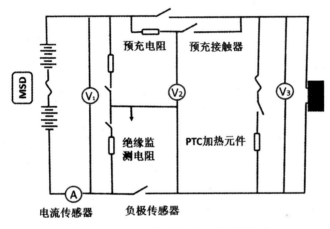

图 7-4-1　动力电池上电过程原理

图中 MSD 表示手动维修开关，$V_1$ 监测 MSD 连接良好、动力电池串联回路连接完好，$V_2$ 监测预充电阻后的电压，$V_3$ 监测对负载的预充电压，通过比较 $V_1$、$V_2$、$V_3$ 电压值来判断各接触器的连接状态，PTC 加热元件对动力电池系统保温。

行车模式下的高压上电过程，VCU 控制负极接触器闭合，再由 BMS 控制预充电接触器，在检测到预充电压达到目标电压值后，判断预充电成功，闭合正极接触器，断开预充接触器，完成行车模式的高压上电过程，通过对比分析 $V_1$、$V_2$、$V_3$ 电压值来判断各接触器的连接状况。

通过采集行车模式下正常上电过程 $V_1$、$V_2$、$V_3$ 电压值，绘制得到图 7-4-2 曲线图。

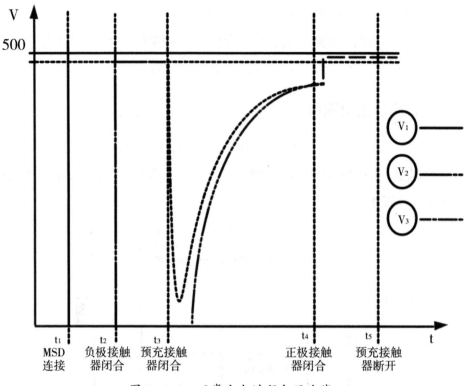

图 7-4-2　正常上电过程电压曲线

由图 7-4-2 可知，上电过程的 $t_1$ 时刻，动力电池系统 MSD 正常连接，模组之间串联良好，$V_1$ 电压值为动力电池的额定电压 500 V；$t_2$ 时刻，负极接触器闭合，此时 $V_2$ 与预充电阻串联（图 7-4-1），$V_2$ 电压低于 $V_1$；$t_3$ 时刻，预充接触器闭合，动力电池系统开始对外部高压电器预充电，$V_2$ 与 $V_3$ 并联，$V_2$ 的电压被拉低，再 $V_2$ 与 $V_3$ 电压同时升高；$t_4$ 时刻，预充电完成 $V_2 = V_3 \geq 90\% V_1$，闭合正极接触器；$t_5$ 时刻预充接触器断开，上电完成。

## 三、控制策略

钥匙置 ON 挡后，VCU 被唤醒，VCU 自检完成之后，向 CAN 线发送第 1 帧报文，请求闭合高压互锁回路使能，同时唤醒 MCU 以及 BMS，BMS 自检正常后监控互锁回路信号，检测高压回路绝缘状况，检查动力电池 SOC 状态、内部单体电池电压以及电池温度，判断整车当前的充电或行车模式，符合高压上电条件后，执行上电程序。实时监控驾驶员的钥匙请求，当 keyon=0 后，进入低压电 / 高压电的下电流程。图 7-4-3 为某型纯电动汽车行车模式下的上电控制策略示意图。

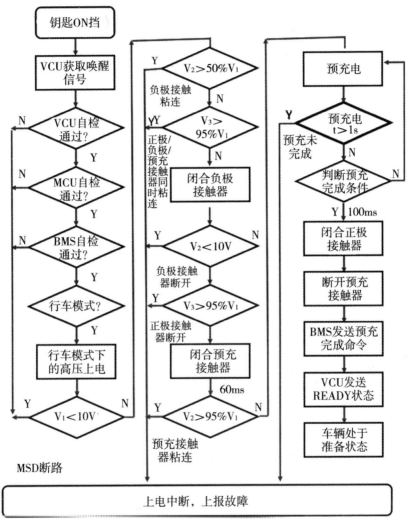

图 7-4-3 行车模式下的上电控制策略示意图

其中，高压回路的绝缘状况检测，将动力电池高压电源作为检测电源，在动力电池的正负极以及车辆底盘之间建立桥式阻抗网络，如图 7-4-4 所示。通过控制电子开关管 $T_1$、$T_2$ 的通断，改变 A、B 之间的等效电阻，通过计算 BMS 得到绝缘阻值，并进行绝缘性能的判定。

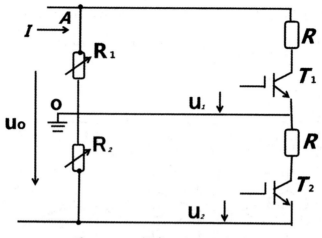

图 7-4-4　桥式阻抗网络电路

　　另外，整车在高压上电前须确保高压回路的完整性，使高压处于封闭的环境下运行，通常 BMS 发出并监测 12 V 低压电气信号，检测高压部件、高压接插件、护盖等的连接完整性。

## 四、故障诊断

　　电动汽车无法高压上电，READY 灯点亮失败，类似的故障时有发生，且各品牌各车型都出现过类似案例，引起上电失败的原因也层出不穷。从上电过程总结，第 1 类初始化阶段，各控制器未完成自检，动力电池 SOC 太低，单体电池压差过大，动力电池过温/过冷；第 2 类如绝缘阻值过低，绝缘监测报故障，互锁回路不完整，无法监测到低压电气信号，报互锁故障；第 3 类执行高压上电阶段，接触器的非正常通断造成预充电的失败或超时，如图 7-4-5、图 7-4-6 所示。

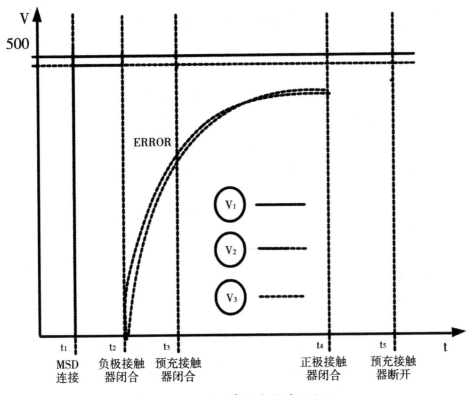

图 7-4-5 非正常上电曲线示例 1

图 7-4-5 所示的上电故障发生在负极接触器闭合后的 $t_2$ 时刻，负极接触器闭合后，检测 $V_2$ 电压小于 $V_1$ 电压的 50%，且未到 $t_3$ 时刻，预充接触器还未闭合，而 $V_3$ 电压逐渐升高，已经开始了预充电过程。于是设置判定条件：负极接触器闭合 $V_2 \leqslant 50\% V_1$，且 120~150 ms 后，$V_2$ 电压达到 $V_1$ 电压的 80%，则判定为预充接触器粘连故障。

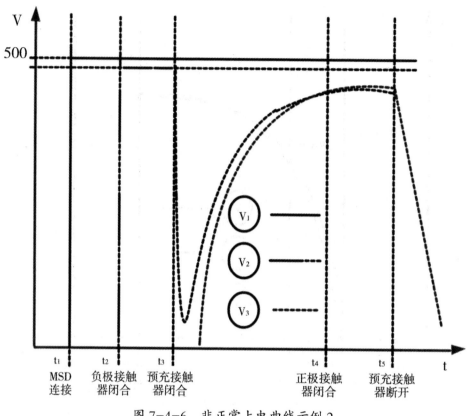

图 7-4-6　非正常上电曲线示例 2

图 7-4-6 所示的上电故障发生在 $t_4$ 时刻，预充完成，闭合正极接触器。由于正极接触器未能正常闭合，100 ms 后断开预充接触器，预充电容通过放电电阻释放电能，$V_3$ 电压降低。于是设置判定条件为：闭合正极继电器，断开预充继电器后，$V_3$ 电压没有达到 $V_1$ 电压的 95% 以上，则判定正极继电器短路。

动力电池执行高压上电阶段出现上电失败的其他案例，通过采集分析 $V_1$、$V_2$、$V_3$ 的电压数据，判定出在设定的上电时刻有没有执行相应的指令，从而推断出故障点的位置，如 MSD 未连接或熔断器烧坏、负极接触器粘连、预充接触器粘连、预充电阻烧坏、正极接触器粘连等。

## 五、结论

针对电动汽车上电故障问题，本章以某型纯电动汽车为例，分析其上电流程及控制策略，得出以下建议：

（1）各控制器自检未完成，检查各控制器的"ON""CHG"或"WAKEUP"信号以及相互间 CAN 通信状况。

（2）绝缘故障，检查高压线束破损情况，检查高压插接器有无泥沙杂物进入，分别检查高压部件、高压线束正负极对车身搭铁的绝缘阻值。

（3）高压互锁故障，依车型手册找出互锁回路连接状况，检查互锁回路的导通情况，检查互锁回路的电气信号。

（4）动力电池执行高压上电阶段，通过采集分析 $V_1$、$V_2$、$V_3$ 的电压数据，判定出在设定的上电时刻有没有执行相应的指令，从而推断出故障点的位置。